Marcel Reich-Ranicki, Zur Literatur der DDR

Diese kritische Auseinandersetzung mit der Literatur der DDR, zumal jener des letzten Jahrzehnts, geht immer vom Konkreten aus und zielt auf das Konkrete ab: Nicht von der Literatur schlechthin spricht also Reich-Ranicki, sondern von Schriftstellern und Büchern, und nicht Überblicke will er hier vermitteln, sondern vor allem Einblicke. Beklopft und befragt, analysiert und charakterisiert werden die Werke von dreizehn bekannten Autoren: Die Skala reicht von den Vertretern der älteren Generation wie Anna Seghers, Stefan Heym, Erwin Strittmatter und Stephan Hermlin über Hermann Kant, Christa Wolf und Günter Kunert bis zu Wolf Biermann und Jurek Becker. Die stets um maximale Sachlichkeit und Gerechtigkeit bemühten und zugleich temperamentvoll-militanten Plädoyers für oder gegen einzelne Schriftsteller und Bücher machen wie von selbst die literarhistorischen Zusammenhänge und die kulturpolitischen Hintergründe sichtbar. Indem er die zwischen Elbe und Oder wirkenden Autoren beim Wort nimmt, zeigt Reich-Ranicki, ohne sich je von den unmittelbaren Gegenständen seiner Betrachtung zu entfernen, das Besondere einer Literatur, die unter besonderen Umständen entsteht. Erkennbar wird ebenso ihre Bedeutung wie ihre Fragwürdigkeit.

Serie Piper:

Marcel Reich-Ranicki

Zur Literatur der DDR

R. Piper & Co.Verlag

ISBN 3-492-00394-X
© R. Piper & Co. Verlag, München 1974
Umschlag Wolfgang Dohmen
Gesetzt aus der Garamond-Antiqua
Gesamtherstellung Clausen & Bosse, Leck
Printed in Germany

Inhalt

Vorwort

Gibt es zwei deutsche Literaturen? Oder gar mehr als zwei? Den meisten, die in den letzten Jahren auf diese mittlerweile schon modisch anmutende Frage eingegangen sind, kann man Unentschiedenheit am wenigsten vorwerfen: Wer sich hierzu äußert, hat in der Regel gar keine Zweifel, daß es entweder nach wie vor nur eine einzige oder ganz bestimmt zwei verschiedene deutsche Literaturen gibt.

Manche allerdings bestehen auf der Zahl vier (zu den Literaturen aus der Bundesrepublik und der DDR kommen dann jene Österreichs und der Schweiz hinzu), gelegentlich werden noch höhere Zahlen offeriert – die stammen von denjenigen, die sich erinnern, daß ja auch in anderen Ländern, in Rumänien etwa oder in Luxemburg, Autoren leben, die in deutscher Sprache schreiben.

Aber im Grunde geht es doch nicht um Österreich oder die Schweiz – schließlich ist die Frage nach der Selbständigkeit der dort entstehenden Literaturen sehr alt und wurde schon, sollte man meinen, oft genug abgehandelt –, sondern vor allem darum, ob der Zweiteilung Deutschlands eine Spaltung auch schon im Literarischen entspricht.

Fritz J. Raddatz, ansässig in Hamburg, weiß es offenbar genau: Sein Buch *Traditionen und Tendenzen* beginnt er mit dem Satz: »Es gibt zwei deutsche Literaturen.«[1] – Ein klarer Fall also. Wirklich?

Werner Neubert, Chefredakteur der *Neuen Deutschen Literatur*, des offiziellen Organs des DDR-Schriftstellerverbands, meint zwar, es sei eine »ziemlich überflüssige Frage, wie viele deutsche Literaturen es gibt«, stellt dann aber unmißverständlich fest: »Die Literatur der DDR hat Beziehungen zur Literatur in der BRD, wie sie Beziehungen hat zur Literaturentwicklung zum Beispiel in Frankreich, Italien, Schweden, Österreich und so weiter.«[2]

Also nicht nur zwei verschiedene Literaturen, sondern auch solche, die miteinander soviel oder sowenig verbindet wie die Literaturentwicklung in der DDR mit jener in anderen kapitalistischen Ländern Europas. Und die Traditionen – von Lessing bis Thomas Mann und Brecht –, auf die man sich doch in beiden deutschen Staaten gern und oft beruft? Und die – den schon vorhandenen Unterschieden und Abweichungen zum Trotz – immer noch gemeinsame Sprache? Alles offenbar unwichtig, jedenfalls für den Chefredakteur der *Neuen Deutschen Literatur.*

Ein anderer Chefredakteur aus der DDR, Wilhelm Girnus, der die Zeitschrift *Sinn und Form* leitet, hält hingegen nichts von der Zweiteilung der deutschen Literatur, denn: »Für mich gibt es nur *eine* Literatur überhaupt, und das ist *gute.* In welcher Sprache die geschrieben ist, ist mir wurscht.« – Sprache gleichgültig? Da darf man vielleicht doch anderer Ansicht sein, zumal wenn es um gute Literatur geht.

Von der bisher in der DDR gültigen Sprachregelung – zwei deutsche Staaten und also zwei Literaturen, und nicht auf das Verbindende oder Gemeinsame kommt es an, sondern auf die Abgrenzung – wendet sich auch Wolfgang Harich mit Entschiedenheit ab: »Es gibt nur eine deutsche Literatur. Sie bildet aber weniger denn je eine Einheit im Sinne widerspruchsfreier Homogenität der Inhalte und künstlerischen Formen.« – Aber diese eine deutsche Literatur ist für Harich – so begründet er seine These – jene, die aus der DDR stammt und zu der das, was in den anderen deutschsprachigen Ländern geschrieben wird, bloß als Begleit- oder Folgeerscheinung gehört.

Hermann Kesten – um nun zu westlichen Zeugen zurückzukehren – will ebenfalls (wenn auch aus ganz anderen Gründen) von der Zweiteilung der deutschen Literatur nichts wissen. Doch im Unterschied zu Girnus, dem die Sprache »wurscht« ist, sieht Kesten gerade in der Sprache das wichtigste Kriterium: »Es gibt nur eine einzige deutsche Literatur, nämlich die Literatur in deutscher Sprache. Alle andern Einteilungen sind willkürliche Unterscheidungen innerhalb der deutschen Literatur.«

Daß »die Sprache das einzige eindeutig abgrenzbare Kriterium für unsere Literatur« sei und daß man deshalb »nur von einer deutschsprachigen Literatur sprechen« könne, meint auch Jürgen Rühle, Köln. Indes fügt er gleich hinzu: »Sollte Ihre Frage darauf abzielen, ob ich der Meinung bin, daß es eine westdeutsche und eine DDR-Literatur gibt, so kann ich nur im kommunistischen Parteijargon antworten: ›Genosse, die Frage ist falsch gestellt.‹«

Ja, in der Tat, die Frage scheint mir falsch. Wie aber sollte man sie stellen? Was tun, um zu klären, was vielleicht denn doch der Klärung bedarf?

Man sei jetzt – glaubt Hans Mayer – »genötigt, in jedem einzelnen

Fall und vor jedem einzelnen Werk die spezifischen Merkmale herauszuarbeiten, die auf Gemeinsamkeit oder Trennung hindeuten. Nur eine solche mit Widersprüchen arbeitende und sie nachvollziehende Betrachtungsweise dürfte heute fruchtbar sein. Woraus folgt: daß erst die Summe solcher auf den einzelnen Autor und sein Werk eingehenden Untersuchungen schließlich zur Beantwortung jener Frage zu führen vermag, die man heute so gern – je nachdem – mit einem schroffen Ja oder Nein entschieden haben möchte, und die auf solche Weise nun einmal nicht entschieden werden kann: ob es heute noch *eine* deutsche Literatur gibt.«[3]

Das mag kein effektvoller Standpunkt sein, aber er hat viel für sich, er sagt mir am ehesten zu. Und damit wäre auch gesagt, wie dieses Buch gemeint ist, was es versucht und anstrebt.

Die hier zusammengefaßten Aufsätze, die ich zwischen 1963 und 1973 geschrieben habe, beschäftigen sich mit einzelnen Autoren und mit einzelnen Werken. Schriftsteller werden analysiert, befragt und porträtiert, Bücher werden charakterisiert, abgeklopft und interpretiert: Alle diese Befunde, Untersuchungen und Plädoyers wollen eben die spezifischen Merkmale der jeweiligen Gegenstände deutlich herausarbeiten und somit, versteht sich, auch jene Kennzeichen akzentuieren, die auf Gemeinsamkeit und Trennung, auf die noch vorhandene oder bereits verlorene Einheit der deutschen Literatur hindeuten.

Ich habe mich bemüht, die realen Bedingungen, unter denen die Schriftsteller der DDR produzieren und publizieren, stets zu berücksichtigen, und in vielen dieser Aufsätze ist auch ausdrücklich davon die Rede. Indes habe ich mich gehütet, den dort lebenden Autoren etwa mildernde Umstände zuzubilligen oder ihnen gar verständnisvoll-nachsichtig auf die Schulter zu klopfen. Ein ermäßigter Tarif, der doch nur die Maßstäbe verwischen müßte und niemandem nützen könnte – und überdies die Betroffenen herabsetzen würde –, kam also überhaupt nicht in Frage. Hingegen ging es immer darum, die Schriftsteller und Bücher aus der DDR zu behandeln, wie sie es verdienen – sie nämlich beim Wort zu nehmen, um sie möglichst genau erkennbar zu machen und sie möglichst gerecht beurteilen zu können.

Zusammen ergeben diese Aufsätze weder einen Grundriß noch eine Geschichte der DDR-Literatur. Statt eines Panoramas werden lediglich Mosaiksteine angeboten. Und statt der handlichen und daher sehr beliebten Überblicke, die allerdings in der Regel so fragwürdig bleiben, waren Einblicke angestrebt, die sich zwar von vornherein auf begrenzte Gegenstände konzentrieren, aber zugleich, wie ich hoffe, die literarhistorischen Zusammenhänge und die kulturpolitischen Hintergründe sichtbar werden lassen.

So wird man wohl auch die Antwort auf die Frage, ob es schon zwei verschiedene Literaturen in deutscher Sprache gibt, der Summe der hier vereinten Einzeluntersuchungen entnehmen können. Doch will ich nicht verheimlichen, daß mir die Objekte wichtiger waren und sind als die Thesen, zu denen sie führen mögen: Dies ist nicht ein Buch für die Wissenschaftler auf der Suche nach der Theorie, sondern für die Leser auf der Suche nach der Literatur – in unserer Zeit und in deutscher Sprache.

Marcel Reich-Ranicki

Frankfurt/M., im Januar 1974

Von Erniedrigten und Beleidigten
Anna Seghers, *Die Kraft der Schwachen*

Für die Bewunderer des Talents der Anna Seghers – und ich bekenne mich zu ihnen seit vielen Jahren und ohne Reue – war ihr Buch *Die Entscheidung* ein schwerer Schlag gewesen, am wenigsten allerdings aus politischen oder ideologischen Gründen. Nicht daß sie einen 600-Seiten-Roman zur Feier der SED verfaßt hatte, mußte verwundern, sondern daß auch sie auf jene eigentlich schon kindischen Klischeevorstellungen vom Leben diesseits und jenseits der Elbe, die man in der Regel von den fragwürdigsten DDR-Autoren aufgetischt bekommt, offenbar nicht verzichten konnte.

Dabei gibt es drüben wohl keinen einzigen Schriftsteller, der sich in jeder Hinsicht mehr herausnehmen dürfte und der sich einer größeren Freiheit erfreuen würde als eben Anna Seghers. Nicht einmal die ihr bisweilen zugeschriebene skurrile Weltfremdheit und etwas rätselhafte Unberechenbarkeit – Eigenschaften also, die nüchternen Politikern überall zuwider sind – vermochten das volle Vertrauen der Parteiführung je nennenswert zu trüben: Längst genießt die Dichterin des *Siebten Kreuzes* in der DDR den absoluten Denkmalschutz.

Aber um so mehr schien *Die Entscheidung* eine mitnichten erzwungene oder auch nur geforderte und dennoch fast bedingungslose Kapitulation zu beweisen, die alle als peinlich empfanden. Mit anderen Worten: Während Anna Seghers ebenso aufrichtig wie hartnäckig bemüht war, den von der SED erhofften großen Gegenwartsroman zu schreiben, hatte sie ihre schriftstellerische Selbstkontrolle ganz und gar verloren. In diesem Sinne war der chaotische Roman zu einem unfreiwillig erschütternden Zeitdokument geworden.

Die damals teils heuchlerisch und hämisch, teils besorgt und entsetzt gestellte Frage nach dem weiteren Weg der mit Recht weltberühmten Erzählerin läßt sich jetzt beantworten, ohne daß man auf Spekulationen angewiesen wäre. Seit der Veröffentlichung des Romans *Die Entscheidung* sind nunmehr fast sieben Jahre vergangen, und indessen liegen drei weitere Bücher vor. Sie bieten nicht gerade meisterhafte oder auch sonderlich gewichtige Arbeiten; vielmehr haben wir es offensichtlich mit kleinen Nebenwerken zu tun. Aber Anna Seghers braucht sich ihrer nicht zu schämen; und man muß nicht unbedingt zwischen den Zeilen ihrer neuen Prosa lesen, um zu erkennen, welche literarischen Konsequenzen die Autorin der *Entscheidung* in aller Stille gezogen hat und wie sie es, vorerst wenigstens, zu halten gedenkt.

Es handelt sich zunächst um das Buch *Das Licht auf dem Galgen* (1961), eine längere Erzählung, die – zeitlich wie örtlich – in weiter Ferne spielt (auf den Antillen gegen Ende des 18. Jahrhunderts) und den Kampf zweier Franzosen für die Freiheit der Neger nicht ohne Raffinesse und Anschaulichkeit darstellt. Das andere Buch scheint mit der unmittelbaren Umwelt der Anna Seghers ebenfalls nicht viel gemein zu haben, denn es enthält (höchst bemerkenswerte) Aufsätze *Über Tolstoi – Über Dostojewskij* (1963); doch kann man ihnen über die keineswegs weltfremden Sorgen der Autorin kaum weniger entnehmen als über ihre Gegenstände. Und schließlich ist noch der Geschichtenband *Die Kraft der Schwachen* erschienen.[1]

Es ist verständlich, daß die Motive und Themen, die Gestalten und Situationen, die Stimmungen und Tonarten in diesen Erzählungen der Fünfundsechzigjährigen an ihre früheren Bücher erinnern. Aber gerade die Ähnlichkeiten oder sogar Wiederholungen machen den nicht aufdringlichen und doch unverkennbaren Unterschied deutlich: Die Anna Seghers von heute ist ganz gewiß nicht mehr die der fünfziger Jahre. Was hat sich geändert?

Auch in dem Band *Die Kraft der Schwachen* gilt ihre besondere Liebe, wie eh und je, den einfachen, mitunter primitiven Menschen. Meist können sie ihre starken Gefühle und ihre wenigen Gedanken kaum ausdrücken. Sie erweisen sich als brav und zuverlässig und herzlich, sie erfüllen immer ihre Pflicht und sind, so unheroisch sie sich geben, zu Heldentaten fähig und zu Opfern bereit. Nur zwei von den neun Geschichten behandeln das Schicksal von Intellektuellen: Einmal ist es ein Journalist, ein andermal ein Lehrer. Doch auch sie kennen keine Zweifel, sie gehen einen geraden Weg, selbst wenn er ins Verderben führt.

Ohne Pathos, fast ohne die Stimme zu erheben, berichtet Anna Seghers vom Leben der stillen kleinen Leute, von den Erniedrigten und Beleidigten, von den Opfern der Weltgeschichte. Im kargen und spröden, meist chronikartigen Duktus tauchen nur selten – und fast immer überraschend – poetische Bilder auf. Diese knappen Prosastük-

ke sind moderne Heldensagen und atheistische Legenden, weltliche
Märtyrererzählungen und säkularisierte Passionsgeschichten.

»Der Junge war wirklich beinah vollkommen. Ein Schimmer Gold
aus der Haut heraus, aus dem Haar, aus den Augen ... Er glich einem
erzürnten, von den Brauen bis zu den Zehen abflugbereiten Engel.« So
der Held der Erzählung *Der Führer*, ein abessinischer Knabe, der drei
Geologen, Offiziere der italienischen Invasionsarmee, durch Gebirgs-
schluchten in den Tod statt zu unerschlossenen Goldadern führt – und
dabei selber umkommt. Wie die Schilderung dieses halbwüchsigen
Helden an ein Heiligenbild erinnert und offenbar erinnern soll, so
endet auch die Geschichte mit einer Art Apotheose: »Die Steinklöt-
ze ... lösten sich auf, sie wurden im Abenddunst so weich wie
Wolken ... Es glühte noch einmal in Goldrot und Goldgrün und
Violett, in Haß und Verzweiflung und auch in Triumph. Das Ende
fing an zu rauschen. Die Sterne sprangen in den Himmel.«

Immer schon hat das religiöse Element in den Büchern der Anna
Seghers eine wesentliche Rolle gespielt. Sie war und ist eine gläubige
Schriftstellerin, die im Kommunismus, dem sie seit 1928 die Treue
hält, gerade das gefunden hatte, wonach sie sich am meisten sehnte und
was sie in ihrer Jugend am meisten benötigte: eine atheistische Reli-
gion. Fideistisch wie das ideelle Fundament ihres Werks schienen vor
allem die Schlußfolgerungen zu sein, die in der Regel ihren Lesern
geboten wurden: Als Antwort auf die Leiden, die realen Niederlagen,
die Märtyrertode ihrer Helden hatte sie stets eine metaphysische
Pointe in Reserve – den Hinweis auf die Unsterblichkeit des Freiheits-
kampfes und der Revolution. *Die Toten bleiben jung*, der Titel ihres
Romans von 1949, war das programmatische Leitmotiv ihrer Epik.

Gilt das auch für ihre neue Prosa? Sasportas, der Held der Erzählung *Das Licht auf dem Galgen*, wird am Ende aufgehängt. Von
seinem Gefährten heißt es: »Es war ihm zumute, als leuchte ein Licht
von der Spitze des Galgens zu ihm herüber ... Es scheint nicht nur
zurück auf Sasportas' Leben, es scheint auf alle, mit denen Sasportas zu
tun gehabt hat.« So 1961: als visueller Schlußeffekt der Heiligenschein,
dem in *Der Führer* das goldrot und goldgrün verbrämte Finale entspricht.

Aber es fällt auf, daß sich Anna Seghers einzig in diesen beiden
Erzählungen, die den nationalen Widerstand gegen die koloniale Un-

terdrückung zu verherrlichen suchen, erlaubt, die irdischen Vorkommnisse auf ihre Art zu transzendieren. Hingegen versagt sie sich in den Geschichten des Bandes *Die Kraft der Schwachen*, die in Europa spielen, jede metaphysische Deutung und Folgerung, von der politischen Nutzanwendung ganz zu schweigen. Es sind Leidensgeschichten ohne Pointen.

In *Wiedersehen* hören wir von der Not einer russischen Mutter während des Zweiten Weltkriegs. Die Motive: Flucht, Hunger, Krankheiten, Tod. Ihr halbwüchsiger Sohn ist von den Deutschen erschossen worden. Der Ich-Erzähler, der sie nach Jahren in Moskau trifft, möchte sie trösten, doch kann er ihr nur läppische Phrasen sagen. Im Gedächtnis des Lesers bleiben die Qualen der Mutter, einer sparsam gezeichneten und nahezu mythisch anmutenden Gestalt, und der in Moskau immerhin nicht ganz alltägliche Ort der Wiederbegegnung: Es ist eine alte Kirche.

Eine Mutterfigur steht auch im Mittelpunkt der Geschichte *Agathe Schweigert*. Eine biedere Frau, Inhaberin eines kleinen Kurzwarenladens in einem rheinischen Nest, sucht ihren einzigen Sohn. Er kämpft in den Internationalen Brigaden in Spanien. Bis sie hinkommt, ist er gefallen. Aber sie bleibt dort, arbeitet in einem Militärlazarett und flieht dann zusammen mit den geschlagenen Soldaten. Eine politische Geschichte? Wie sich diese Frau nicht darum gekümmert hat, daß die in ihrem Laden feilgehaltenen Sachen »bestickt und bedruckt mit großen und kleinen und winzigen Hakenkreuzen« waren, so begreift sie auch von den Vorgängen in Spanien nichts. Zwar hört sie immer wieder das Wort »Teruel«, aber »ob es ein Mensch oder ein Ort war, wußte sie nicht«. Sie würde ihrem Sohn natürlich auch dann nachreisen, wenn er bei der Legion Condor wäre. Der Wert, den Anna Seghers hier mit verhaltener Stimme feiert, hat mit Politik und Klassenkampf und Revolution nichts zu tun: Es ist die Mütterlichkeit.

Wenn der Erzählungsband etwas verkündet, dann nur – wie einst im *Siebten Kreuz* – den Glauben an die Redlichkeit und Rechtschaffenheit des einzelnen, an seine unzerstörbaren herzlichen Gefühle. So findet sich in dieser Sammlung auch eine schöne, einfache Liebesgeschichte (*Susi*): Eine deutsche Bauerntochter folgt einem französischen Besatzungssoldaten nach Paris und kann trotz aller ihr bereiteten Enttäuschungen nicht aufhören, ihn zu lieben.

Nur zwei der neuen Erzählungen ragen in das Deutschland der Nachkriegszeit hinein, und beide haben überraschende, symptomatische Schlußakzente. In *Schilfrohr* wird ein 1943 fliehender Antifaschist von einer märkischen Bäuerin gerettet – auch dies übrigens eine völlig unpolitische Tat, lediglich von Mitleid und später von Liebe bestimmt. Nach Kriegsschluß verläßt er sie. Als sie es allein nicht mehr aushalten kann, sucht sie ihn in Ostberlin. Doch der Widerstandskämpfer von gestern, der Mann, der dann einen guten Posten »in der neuen Verwaltung« hatte, ist nach dem Westen geflohen. Mit keinem einzigen Wort verurteilt Anna Seghers den Antifaschisten, der in der Zone nicht leben wollte.

Von einem kommunistischen Lehrer, den die Nazis viele Jahre in Konzentrationslagern gequält hatten, heißt es in *Duell*: »Und auch die Freiheit, als sie dann endlich kam, war bitter gewesen.« Er hilft einem jungen Arbeiter – die Geschichte spielt 1945 oder 1946 in der Zone – eine Prüfung zu bestehen, was ihm seine weitere Laufbahn ermöglicht. Nach vielen Jahren will dieser Arbeiter, inzwischen Werkleiter geworden, jenen Lehrer besuchen. Es stellt sich heraus, daß er nicht mehr lebt. Die sich aufdrängende Frage nach den Erfahrungen des verbitterten Kommunisten in der DDR bleibt unbeantwortet.

In ihrem Dostojewskij-Essay bemerkt Anna Seghers im Zusammenhang mit den *Brüdern Karamasow*: »Die Direktheit und Klarheit, mit der Aljoscha tut, was ihm als richtig erscheint, hätte ihm und erst recht seinem Dichter bei einer Fortsetzung des Romans schwere Konflikte gebracht.« Und zwar wäre »bei einer Weiterführung des Schicksals von Aljoscha« ein Konflikt entstanden zwischen Dostojewskijs »künstlerischer Wahrheitstreue und den heuchlerisch orthodoxen Warnungen eines Pobedonoszew«. Schon vorher hatte Anna Seghers genau erklärt, wer Pobedonoszew war: der im Auftrag der Zarenregierung fungierende »Berater«, »Beobachter« und »eine Art Vorzensor« Dostojewskijs. Sie stellt auch die Frage, ob der Dichter der *Karamasow* einem solchen Konflikt gewachsen wäre.[2]

Man darf wohl sagen: Die Direktheit und Klarheit, mit der die Gestalten der Anna Seghers tun, was ihnen als richtig erscheint, hätte ihnen und erst recht ihrer Autorin bei einer Fortsetzung der Geschichten schwere Konflikte gebracht. Dies mag der Grund sein, weshalb ihre Helden immer wieder unseren Blicken entrückt werden: Einer

flieht nach dem Westen, ein zweiter muß sterben, die Spur der anderen
verliert sich im Krieg oder im Ausland. So bleibt ein Phänomen konsequent ausgespart: die DDR. Und was immer Anna Seghers in
diesem Buch erzählt, von dem Optimismus ihrer *Linie* (1949) oder gar
ihrer *Friedensgeschichten* (1950) ist jetzt nichts mehr zu spüren. Wie in
ihrer Epik der zwanziger und dreißiger Jahre sind die Farben wieder
düster, die Töne wieder schwermütig, die Akzente bitter.

Und inmitten des Bandes steht *Der Prophet*, die Geschichte vom
kommunistischen Journalisten, der während des Krieges in einem
Konzentrationslager gezwungen wird, darzustellen, »wie Europa in
drei Jahren aussehen würde«. Obwohl er weiß, daß ihm seine Voraus-
sagen nur den Tod bringen können, schreibt er »mit seinen sauberen
Buchstaben, die schnörkellos und leicht lesbar waren«, was er wirklich
glaubt. Wie sollte man diese Geschichte anders verstehen denn als
Bekenntnis und Mahnung der Erzählerin?

Jedenfalls gibt die Sammlung *Die Kraft der Schwachen* auf die Frage
nach der Anna Seghers von heute eine zwar unauffällig und bescheidene, doch unmißverständliche Antwort. Eine Antwort nicht ohne
Demut. Nicht ohne Würde.

(1966)

Bankrott einer Erzählerin

Anna Seghers, *Das Vertrauen*

Den Bewunderern der großen deutschen Erzählerin Anna Seghers bleibt nichts erspart. Schon konnte man hoffen, es sei ihr gelungen, den schauerlichen Tiefpunkt ihrer schriftstellerischen Laufbahn – und damit meine ich den 1959 publizierten Roman *Die Entscheidung* – einigermaßen zu überwinden: Einerseits nämlich enthielten die kleinen Bücher, die sie Anfang und Mitte der sechziger Jahre veröffentlicht hatte, zwar nicht mehr als unerhebliche Nebenarbeiten, doch immerhin solche, deren sie sich keineswegs zu schämen brauchte; und andererseits mußte es auffallen, daß die Zeit verstrich, ohne daß Anna Seghers ihre unbarmherzige Drohung, sie werde der *Entscheidung* noch einen zweiten Band folgen lassen, wahrgemacht hätte.

Denn eine erneute Behandlung der bereits bekannten und durchweg fatalen Motive und Figuren konnte nach menschlichem Ermessen nur zu einer erneuten Katastrophe führen. Aber das, was jetzt leider vorliegt, dieser Roman mit dem Titel *Das Vertrauen*[1], übertrifft die ärgsten Befürchtungen, und dies auf schwer vorstellbare Weise.

Gewiß erscheinen alljährlich in beiden Teilen Deutschlands viele langweilige und geschmacklose und vollkommen mißratene Bücher, und sie stammen bisweilen von Autoren, die früher Hervorragendes geleistet haben. Doch dies Produkt von Anna Seghers ist nicht nur langweilig und geschmacklos und vollkommen mißraten, es ist auch noch töricht und verlogen und, vor allem, obszön.

Die Handlung spielt im Jahre 1953 in der DDR, in der Bundesrepublik und in den USA. Die Menschen, die Anna Seghers auftreten läßt, gehören zwei verschiedenen Gruppen an: Sie sind gut oder böse. Nun sollte man aber nicht annehmen, die Guten seien nur im Osten und die Bösen nur im Westen. Freilich haben die DDR-Bürger, sofern es nicht ganz junge Menschen sind, für` Frieden, Freiheit und Fortschritt gekämpft – in der Sowjetunion oder im Spanischen Bürgerkrieg oder in deutschen Konzentrationslagern. Die Bundesrepublikaner hingegen, die uns dieser Roman vorführt, waren meist in der SS oder haben zumindest mit den Nazis allerlei Geschäfte gemacht. Dennoch gibt es auch in der DDR böse Menschen. Nur daß sie nach dem Westen

fliehen. Und auch im Westen gibt es neben den Industriellen und ihren
verdummten Knechten auch gute Menschen. Nur daß sie sich nach der
DDR sehnen.

Wer gut und wer böse ist, wird uns immer nachdrücklich mitgeteilt:
»Er sah vor sich Ulspergers schönes, hartes Gesicht, seine aufrechte
Haltung.« Einer, der ein schönes und hartes Gesicht hat und sich
überdies aufrecht hält, ist natürlich ein vorbildlicher Kommunist.
Oder: »Hell stach es aus Janauschs weißblauen Augen heraus in
Webers ruhigen, noch jungen Blick, als berührten sich die Spitzen
zweier elektrisch geladener Drähte.« Und selbst der Klassenletzte
ahnt, daß sich derjenige, aus dessen Augen etwas heraussticht, als ein
Verräter, der andere hingegen als ein treuer Sohn des Arbeiter- und
Bauernstaates erweisen wird.

Aber mit einer derartigen Kennzeichnung ihrer Gestalten gibt sich
Anna Seghers nicht zufrieden, sie hat neuerdings noch massivere
Mittel in Reserve: Um die Abscheulichkeit jenes Janausch, aus dessen
Augen etwas heraussticht, vollends zu verdeutlichen, läßt uns die
Erzählerin wissen, daß er einen ekelerregenden Geruch verbreitet.

Da dieser Roman etwas straffer und etwas weniger chaotisch als *Die
Entscheidung* wirkt, drängt sich sein Zynismus geradezu auf: Die
Darstellung gesellschaftlicher Zustände und politischer Ereignisse
zeugt von absoluter Verachtung der Leser, die hier buchstäblich wie
Schwachsinnige behandelt werden. Wer hat eigentlich am 17. Juni
gegen die SED rebelliert? Laut Anna Seghers waren es lediglich
Agenten, Idioten und stinkende Individuen. Das intellektuelle Niveau
dieser Kapitel erinnert nicht etwa an die Leitartikel im *Neuen Deutschland*, sondern an jene in FDJ-Zeitungen aus der Provinz.

Viel Platz wird in dem Roman dem Tod Stalins eingeräumt oder,
genauer gesagt, der Reaktion der DDR-Bürger auf dieses Ereignis. Am
Tag, an dem unzählige Kommunisten in der ganzen Welt glaubten,
aufatmen zu können, gibt es in dem Anna-Seghers-Roman nur pure
Verzweiflung: »Auch solche, die bisher diesen Tod nicht so stark
empfunden hatten, fühlten erschrocken, daß ihnen etwas Schweres,
Unwiederbringliches geschehen war.« Sogar ein aus der DDR geflüch-
teter Wissenschaftler ist tief erschüttert: »Die Todesbotschaft hatte ihn
gepackt wie eine eiserne und eisige Kralle, wie ein Fieberstoß . . .«

Kaum anders als in den Büchern, die vor rund zwanzig Jahren in den kommunistischen Ländern gedruckt wurden, erscheint Stalin auch hier als der Weiseste aller Weisen, als der gütige Vater der Nationen, als der geniale Heerführer, der den Nationalsozialismus zerschmettert hat, den freilich Anna Seghers nie »Nationalsozialismus« nennt: Gehorsam befolgt sie die Sprachregelung, die unliebsame Assoziationen vermeiden soll – es heißt »Hitlerfaschismus«.

Abgesehen von wenigen und zaghaften Fragen einiger Figuren – und es sind Fragen, die sofort eindeutig beantwortet und widerlegt werden –, findet sich im ganzen Roman kein einziges Wort gegen Stalin. Nicht einmal den berüchtigten antisemitischen Ärzteprozeß, den Stalin kurz vor seinem Tod angeordnet hat, will Anna Seghers unmißverständlich verurteilen. Im Gegenteil: Der Roman bietet – wie ungeheuerlich und unwahrscheinlich dies auch anmuten mag – sogar eine halbe Rechtfertigung dieses Prozesses.

Hat man Anna Seghers in der DDR zu derartigem gezwungen? Nein, das ist nicht wahr. Gewiß, auch von ihr wird nicht gedruckt, was die SED nicht gedruckt sehen will. Aber es gibt keinen einzigen Schriftsteller zwischen der Elbe und der Oder, der sich mehr herausnehmen könnte als sie. Was sie hier über Stalin geschrieben hat, hat sie freiwillig geschrieben.

Ist ihr die Wahrheit über Stalin etwa unbekannt? Eine lächerliche Vermutung. Sie weiß über Stalin ebenso Bescheid wie über die Sowjetunion von gestern und heute oder über den 17. Juni. Nur daß alle Informationen und Fakten und Enthüllungen nichts an ihrem vorwiegend oder ausschließlich emotionalen Verhältnis zu Stalin geändert haben. Man kann es, glaube ich, nicht anders bezeichnen als mit dem Wort »Liebe«.

Übrigens fällt es auf, daß Anna Seghers in ihren früheren Romanen und Erzählungen nur selten und meist sehr wortkarg auf Stalin zu sprechen kam. Möglich also, daß wir es jetzt mit einer Art Trotzreaktion zu tun haben, einer allerdings besonders abstoßenden. Schamlos scheint mir die Liebe der alten Anna Seghers zu Stalin zu sein. In diesem Sinne halte ich den Roman *Das Vertrauen* für obszön.

Läßt sich nichts Freundliches über den Roman sagen? Immerhin vierhundertfünfzig Seiten Prosa aus der Feder der Dichterin, der wir den *Aufstand der Fischer von Santa Barbara* und *Das siebte Kreuz* und *Transit* verdanken und manche wundervolle Geschichte. Ich bitte mir zu glauben, daß ich gern einen Absatz oder wenigstens einige Zeilen zitieren würde, die als Oasen in dieser Wüste gelten könnten. Ich habe solche Zeilen nicht gefunden. Intellektuelle Armseligkeit und sprachliche Ohnmacht entsprechen einander auf fatale Weise. So bleibt der allerdings sehr fragwürdige Trost, daß dieses Buch niemanden verdummen kann: denn es ist zu langweilig.

Wer jedoch von dem Roman *Das Vertrauen* auf das Niveau der heutigen Literatur der DDR schließen wollte, wäre leichtsinnig. Dieses Niveau ist erheblich höher. Und ich denke dabei nicht etwa an Autoren, die drüben mehr oder weniger in Ungnade sind. 1966 habe ich sehr kritisch über den Roman *Die Aula* von Hermann Kant geschrieben.[2] Die damalige Beurteilung scheint mir nach wie vor nicht ungerecht zu sein. Verglichen jedoch mit dem *Vertrauen* ist *Die Aula* eine große geistige und literarische Leistung.

Doch hüte man sich, und das kann nicht nachdrücklich genug gesagt werden, vor Genugtuung oder Schadenfreude. Denn der neue Roman bietet lediglich zur Trauer Anlaß – zur Trauer um die große Erzählerin Anna Seghers.

(1969)

Kafka übt Selbstkritik

Anna Seghers, *Sonderbare Begegnungen*

Daß der neue Erzählungsband der Anna Seghers (*Sonderbare Begegnungen*)[1] ein nicht nur sehr schwaches, sondern auch ein streckenweise unbeabsichtigt trauriges und dann wieder unfreiwillig komisches Buch ist, kann denjenigen, der ihr Spätwerk kennt, nicht mehr wundern: Seit dem 1968 erschienenen Roman *Das Vertrauen*, den ich nach wie vor für einen literarischen Fehltritt, eine moralische Schandtat und einen politischen Frevel halte, muß man bei dieser großen Schriftstellerin leider auf alles gefaßt sein.

Dennoch sind ihre neuen Erzählungen bestimmt einiger Aufmerksamkeit wert. Zum ersten stammen sie eben doch von Anna Seghers: Die Bewunderer ihres Talents können sie, die einst eine überaus sinnliche, eine unvergeßliche Prosa schrieb, in (freilich nur sehr wenigen) ausdrucksvoll-exakten Nuancen und poetischen Formulierungen gerührt und zugleich entsetzt wiedererkennen. Ferner steht der Band *Sonderbare Begegnungen* schon seit Wochen an der Spitze der Bestsellerliste der DDR – und dies ist ein für uns keineswegs belangloses Faktum.

Natürlich wird der Buchkonsum überall organisiert, drüben allerdings mit anderen Mitteln und Methoden und zu ganz anderen Zwekken als hüben. Natürlich können sowohl sozialistische Institutionen als auch kapitalistische Unternehmen den Käufern einzelne Titel aufdrängen. Aber es zeigt sich immer wieder, daß Zwang und Manipulation hier wie dort – zumindest in diesem Bereich – ihre Grenzen haben.

Das soll heißen: Ähnlich wie für den Publikumserfolg der gegenwärtig die bundesrepublikanischen Bestsellerlisten anführenden Romane von Johannes Mario Simmel und Siegfried Lenz die entscheidenden Gründe nicht woanders zu suchen sind als in diesen Romanen selbst und, versteht sich, in der (eben nicht zufälligen oder nur organisierten) Popularität ihrer Autoren, so ist es auch durchaus glaubhaft, daß sehr viele Bürger der DDR freiwillig zu dem neuen Buch der Seghers greifen, ja es sogar mit aufrichtigem Interesse lesen. Denn es sind zwar drei sehr unterschiedliche Erzählungen, die sie hier

vereint hat; nur daß sie alle drei dem DDR-Publikum weit entgegen-
kommen, wenn auch jede – und das kann den Absatz nur steigern – ein
etwas anderer Teil dieses Publikums goutieren wird.

Im *Treffpunkt*, der längsten der Erzählungen – sie spielt zwischen
1928 und 1945 – heißt es von einem Jungen namens Klaus, der sich einer
kommunistischen Jugendorganisation anschließt: »Er verstand fast
nichts von ihren Gesprächen . . . Er hätte manchmal gern eine Frage gestellt, aber er hielt sich zurück . . . Sie sangen, ihre Augen glänzten.«
Und etwas weiter: »Er verstand nicht alles, aber er war gebannt.«

Ich weiß, ich hätte mich längst daran gewöhnen können, und
trotzdem erstaunt es mich immer wieder – daß nämlich Anna Seghers
nicht müde wird, stets aufs neue jene zu besingen, die fast nichts
verstehen, aber dafür viel und richtig fühlen, die keine Fragen stellen
und nie zweifeln, aber dafür wacker hinter der Fahne marschieren,
natürlich der roten. »Die Partei, die Partei, die hat immer recht«[2] – das
dumme und widerliche Lied, das hündische Unterwürfigkeit fordert,
es hätte das Motto auch dieser Erzählung sein können.

»Was wir tun, ist richtig« – meint der Kommunist Erwin, der andere
Held des *Treffpunkt*. Doch was die KPD damals – in der Weimarer
Republik und in den Jahren der Illegalität – ihren Mitgliedern abver-
langte, war ja oft falsch und töricht und verantwortungslos. Alle alten
Kommunisten wissen das, auch Anna Seghers. Wem nützt sie, wenn
sie die schmerzhaften Dramen der Parteigeschichte umstilisiert – um
nicht zu sagen: umlügt – in Märchen für artige und etwas unterentwik-
kelte Kinder?

Da wird auf die Niederlage der Republikaner im Spanischen Bürger-
krieg wie stets bei der Seghers reagiert: »Was inzwischen in Spanien
geschehen war, beunruhigte ihn, doch er konnte sich die Ereignisse
nicht richtig erklären.« Das ist alles zu diesem Thema. Oder: »Den
Pakt zwischen Hitler und Stalin erlebte Erwin in Luckau. Er war wie
vor den Kopf geschlagen . . .« Kein Wort gegen den Pakt, wohl aber
eine Rechtfertigung: »In solchen Zeiten ist alles möglich . . . Schließlich war es vernünftig.«

Und 1945 kommt die Sowjetarmee: »Es gab warme Suppe.« Was es
damals sonst noch gab, wird nicht gesagt. Hier endet auch die Erzählung von den beiden Kommunisten: Wie man sieht, hält sich Anna
Seghers an eine im literarischen Leben der DDR längst bewährte

Regel, derzufolge alten Kommunisten die Konfrontation mit der Wirklichkeit des von ihnen angestrebten Staates in Romanen und Geschichten eher zu ersparen ist.

Jedenfalls läßt kein einziger Satz der 1971 verfaßten Erzählung den Zeitpunkt ihrer Entstehung erkennen, keiner, der davon zeugen könnte, daß Anna Seghers aus der politischen Entwicklung des letzten Vierteljahrhunderts auch nur die geringsten Folgen zu ziehen bereit war. In stilistischer Hinsicht freilich weicht die neue Erzählung von ihrer früheren Prosa nicht unerheblich ab: Den chronikartigen Duktus, den die Seghers einst für solche Geschichten bevorzugte, hat mittlerweile eine altbacken-betuliche Suada abgelöst. Was herb und spröde war, ist jetzt nur noch brav und bieder, was, zugegeben, dem Inhalt genau entspricht.

So beginnt der *Treffpunkt*: »Der Kunstschlosser Rautenberg, der in der Stadt Gotha lebte, hielt streng auf Ehrbarkeit und Sparsamkeit in seiner Familie.« Da gibt es »ein einfaches, mit zwei Flaschen Wein aufgelockertes Abendessen«. Von Erwin hören wir, daß er »ein putziges, hurtiges Bürschlein gewesen war«. – Man könnte annehmen, Anna Seghers sei diesmal auf die Parodie der beliebten deutschen Lesebuch-Geschichte aus gewesen. Doch kann davon leider keine Rede sein, hier ist alles so ernst wie humorlos gemeint.

Aber wer sich in der DDR nach des Tages Arbeit nach einer Lektüre sehnt, die sich für große Literatur halten ließe (und dafür scheint ja der Name der Autorin zu bürgen) und die ihn einigermaßen unterhält, ohne ihn indes zu beunruhigen oder gar zum Nachdenken zu nötigen, dem mag ein derartiges Prosastück – um in seinem Stil zu bleiben – gar trefflich munden: Gerade der fatale Lesebuch-Anstrich dieser Erzählung kann also bei einem bestimmten Publikum zu ihrem Erfolg beitragen.

Wer allerdings mehr auf Poetisches und Phantastisches eingestellt ist, wer gern über Geheimnisvolles und Tiefsinniges grübeln möchte, der mag eher bei den *Sagen von Unirdischen* auf seine Rechnung kommen. Es handelt sich um eine Science-Fiction-Story, die im 15. und 16. Jahrhundert spielt und in deren Mittelpunkt Kundschafter von einem anderen Stern stehen: Verwundert stellen sie fest, daß es auf Erden, zumal in Deutschland, gibt, was sie nicht kennen – Krieg und Kunst.

Eine Figur dieser Sagen ist der von den Katholiken grausam be-
kämpfte Matthias Grünewald: »Sag mir – fragt der Neuankömm-
ling –, warum er von seinem Werk nicht abläßt, wo er doch weiß, eine
große Gefahr ist nahe?« – Ob Anna Seghers hier vielleicht an Künstler,
an Schriftsteller vor allem, gedacht hat, die heutzutage in gewissen
Ländern von ihrem Werk nicht ablassen, obwohl große Gefahr nahe
ist? Nein, machen wir uns lieber keine Illusionen.

Diese *Sagen von Unirdischen* muten (wie übrigens meist Science-
Fiction-Stories) allzu ausgeklügelt und kalkuliert an und sind (abgesehen von den ersten und besten Seiten) etwas wirr und recht dunkel.
Wird das der Erzählung schaden? Nicht unbedingt. »In einem Land,
wo man von Haus aus so viel träumt und trübt« (Benn)[3], werden
manche ihrer Leser durchaus zufrieden sein.

Doch auch für literarische Feinschmecker in der DDR ist hier
gesorgt: Die aus dem Jahre 1972 stammende *Reisebegegnung* erzählt
von einem Treffen in einem Prager Kaffeehaus. Die Teilnehmer sind:
E. T. A. Hoffmann, Nicolai Gogol und Franz Kafka. Ein guter
Einfall? Ein glänzender. Aber offen gesagt messe ich solchen originellen Einfällen keine sonderliche Bedeutung bei. Denn es ist eine alte
Wahrheit: In der Literatur kommt es nicht auf die Einfälle an (die
liegen zwar nicht auf der Straße, stehen jedoch fast täglich in den
Zeitungen), sondern darauf, was der Autor aus dem Einfall machen
kann.

Was hat uns Anna Seghers von jenem Schriftsteller zu erzählen, für
den Ernst Fischer 1963 auf der berühmten Liblice-Konferenz ein
Dauervisum für die Oststaaten beantragt hat? Dieser Antrag ist, wie
man weiß, noch weitgehend unerledigt: In der DDR beispielsweise gilt
Kafka, obwohl man sich dort 1965 immerhin einen einmaligen (sehr
ordentlichen) Auswahlband seiner Werke geleistet hat, nach wie vor
als ein Diversant, ein besonders gefährlicher Staatsfeind. Ein Dauervisum kommt offenbar überhaupt nicht in Frage. Von diesem unvermin-
dert vorhandenen Hautgout profitiert beim Publikum in der DDR die
Reisebegegnung.

Daß Kafka an einem Kaffeehaus-Tisch sein *Schloß* schreibt, kann ich
mir nicht recht vorstellen. Daß E. T. A. Hoffmann, Gogol und Kafka
genau die gleiche Sprache sprechen, die sich überdies nicht im geringsten von jenem Seghers-Idiom unterscheidet, das wir von ihren mit

wenig Geist geschlagenen proletarischen Helden längst kennen, will ich nur am Rande vermerken. Daß die drei Genies bereitwillig im Kaffeehaus ihre Geschichten nacherzählen und noch ganze Passagen vorlesen oder auswendig rezitieren, finde ich einigermaßen komisch, zumal die meisten Schriftsteller, ob nun Genies oder nicht, für die (gelungenen) Arbeiten ihrer (lebenden!) Kollegen wenig Geduld haben.

Daß Kafka im Kaffeehaus zu allerlei griffigen Bekenntnissen bereit ist (er sagt, er fühle sich »heimatlos, zwischen Deutsch und Tschechisch« und sei »verkapselt in Todesangst«), daß er Banalitäten von sich gibt (»Jeder von uns muß wahr über das wirkliche Leben schreiben«) und in backfischhafter Verzückung ausruft: »Wie wunderbar ist die Sprache, wie rätselhaft!«, scheint mir ziemlich geschmacklos.

Aber dies alles mag noch nebensächlich sein angesichts dessen, worauf die *Reisebegegnung* hinausläuft – nämlich auf eine unmißverständliche und handfeste Auseinandersetzung mit Kafka. Sein Schreiben, wirft ihm Gogol vor, habe keinen Sinn, weil ihn die Menschen nicht begreifen könnten: »Unverständliches Zeug nützt nichts, wie es oft junge Leute verzapfen.«

Hoffmann tadelt Kafka, weil er »nie über Gerechtigkeit« geschrieben habe, sondern »nur über einen Prozeß im allgemeinen, den eine unbekannte Macht steuert«. Die Schriftsteller aber sollten »die Menschen trösten und warnen«. Indes käme bei Kafka viel vor – bedauert Hoffmann –, »was die Menschen sinnlos beängstigt, zweiflerisch, unsicher macht«. Und: »Bei Ihnen gibt es, fürchte ich, keine richtigen Menschen aus Fleisch und Blut mit guten und schlechten Eigenschaften.«

Gegen Ende der Erzählung wird der zentrale Einwand immer stärker akzentuiert: In Kafkas Werk vermisse man die optimistische Perspektive. In seinen Erzählungen fehle – wieder ist es Hoffmann, der dies feststellen muß –, »daß man sich irgendwann, irgendwie hoch erheben kann über die Leiden und Qualen in unserem bedrohten Leben«.

Ein wenig darf sich Kafka gegen die ihn kritisierenden Kollegen zur Wehr setzen: Ob er denn nicht das Recht habe, die Wirklichkeit so ausweglos darzustellen, wie er sie sehe? Darauf hat Hoffmann nur gewartet, um den Individualisten und Pessimisten energisch auf Vor-

dermann zu bringen. Er, Kafka, sehe ja nur ein »schmales Stück
Wirklichkeit«: »Weil Sie für sich selbst keinen Ausweg sehen, sehen
Sie auch keinen für andere. Man muß aber nach einem Ausweg suchen,
nach einer Bresche in der Mauer ... Ein Lichtpünktchen muß man
aufglänzen sehen.«

So wird hier Kafka vom Standpunkt des Sozialistischen Realismus
(übrigens des orthodoxen, eher des von gestern und vorgestern) nach
Strich und Faden abgekanzelt: Anna Seghers ist sich, so unwahrschein-
lich dies auch sein mag, nicht zu gut, um die plattesten und simpelsten
Vorwürfe, die im Laufe der letzten zehn Jahre von den borniertesten
Kritikern und Funktionären in Ostberlin und Moskau (aber nie in
Warschau) gegen Kafka erhoben wurden, zu wiederholen und unge-
niert Gogol und vor allem Hoffmann (wer hätte gedacht, daß ausge-
rechnet der Autor der *Nachtstücke* zum passionierten Sachwalter des
Sozialistischen Realismus avancieren würde?) in den Mund zu legen.

Schließlich gibt es in dieser Erzählung noch eine überraschende, eine
schlechthin umwerfende Pointe: Kafka übt Selbstkritik. Im *Schloß* sei
»die Versöhnung, das Aufenthaltsrecht nach soviel Entbehrung. Ich
hätte es wenigstens so schreiben sollen. Ja, *Amerika*, darin war etwas
enthalten, was die Menschen verstanden. An dieses Etwas hätte ich
mich halten sollen«.

Mit anderen Worten: Kafka kommt zum Ergebnis, daß er sein
ganzes Werk hätte anders schreiben und sein *Schloß* mit einem ver-
söhnlich-optimistischen Ausgang versehen sollen. Das schlägt dem
Faß den Boden aus. Ich halte dies – und bei allem Respekt vor der
Autorin des *Siebten Kreuzes* sehe ich keinen Grund, taktvoll-vorsich-
tige Umschreibungen zu suchen – für hirnverbrannten Blödsinn und
für eine Schamlosigkeit obendrein.

Doch was auch ein großer Schriftsteller publizieren mag, er kann
immer nur sich selber kompromittieren, nie sein früheres Werk. In der
Erzählung *Die Reisebegegnung* heißt es einmal: »Jeder ist schuld an
dem, was er schreibt.« Eben, eben.

(1973)

Der deftige Heimatdichter
Erwin Strittmatter

Der Roman *Ochsenkutscher* (1950), mit dem Erwin Strittmatter im Alter von achtunddreißig Jahren debütierte, wurde zunächst kaum beachtet – nur Alfred Kantorowicz lobte den Anfänger aus der Provinz in der *Täglichen Rundschau*[1].

Aber schon wenige Jahre später gehörte Strittmatter zu den repräsentativen und bei jeder Gelegenheit gefeierten Autoren der Welt zwischen Elbe und Oder. Zweimal (1953 und 1955) erhielt er den »Nationalpreis für Kunst und Literatur«, zweimal (1954 und 1958) den ersten Preis in einem staatlichen Preisausschreiben für Kinder- und Jugendliteratur. Hohe Orden und weitere Preise – so der Lessingpreis 1961 – ließen nicht auf sich warten. Er wurde ordentliches Mitglied der Ostberliner Deutschen Akademie der Künste und bekleidete von 1959 bis 1961 den einflußreichsten Posten im literarischen Leben der DDR: Er war Erster Sekretär des dortigen Schriftstellerverbandes. Seit 1961 ist er Stellvertretender Vorsitzender dieses Verbandes.

Strittmatters Bücher gehören zum Lehrplan der Schulen. Ein für den Unterricht verbindliches Lehrbuch widmet diesem Autor 67 Seiten – den Anhang mit Leseproben nicht einbegriffen. In der Zusammenfassung heißt es: »Wir sind gewiß, daß einst sein Werk, ein hervorragendes Ergebnis des sozialistischen Realismus, auch auf ganz Deutschland ausstrahlen ... wird.« Diesem Werk wird »Wert und Dauer für die Nachwelt«[2] zugesprochen. Wie man auch immer seine literarische Begabung beurteilen mag – unbestritten ist die Tatsache, daß kein einziger Schriftsteller der DDR, dessen Laufbahn nach 1945 begann, ein vergleichbares Echo gefunden hat.

Strittmatter wurde 1912 in Spremberg als Sohn eines Bäckers geboren und wuchs in einem Niederlausitzer Dorf auf. Die offiziellen Biographen betonen gern seine vielen Berufe, die diesem in politischer Hinsicht nicht eben ergiebigen Lebenslauf doch einen proletarisch-abenteuerlichen Anstrich verleihen. Er war Bäcker, Pferdeknecht, Chauffeur, Kellner, Fabrikarbeiter und Wärter in einer Pelztierfarm. In dieser Zeit versuchte er auch – allerdings vergeblich –, sich literarisch zu betätigen. Auffällig karg sind hingegen in allen biographischen

Angaben über Strittmatter die Informationen über seine Kriegsjahre.
Wir erfahren lediglich, daß er Soldat war und gegen Ende des Krieges
desertierte. 1945 ist Strittmatter wieder in der Heimat und abermals
Bäcker. 1947 tritt er der SED bei, schreibt nach dem Besuch einer
Parteischule für eine Provinzzeitung und arbeitet dann einige Jahre
hindurch als Lokalredakteur im Senftenberger Braunkohlengebiet.

Sein plötzlicher literarischer Aufstieg ist mit dem Namen Brecht
verknüpft. 1951 hatte Strittmatter im Auftrag einer Laienspielgruppe
der kommunistischen Jugendorganisation eine Szenenfolge aus dem
Bauernleben in der DDR geschrieben. Sie wurde als unzulänglich
abgelehnt. Eine Neufassung dieser Szenenfolge, *Katzgraben* betitelt,
gelangte im nächsten Jahr in die Hände von Brecht.

Damals, als die stalinistische Kulturpolitik ihren Höhepunkt erreicht hatte, hielt es Brecht für besonders ratsam, seine staatlichen
Förderer nicht zu verärgern. Man erwartete von ihm, er werde in den
Spielplan seines Theaters ein Zeitstück aufnehmen, das die aktuelle
Propaganda der SED stützen könnte. Brecht versuchte, die Partei mit
dem Hinweis zu vertrösten, er arbeite an einem Versdrama über einen
in der DDR preisgekrönten Schnellmaurer, den sich in jenen Jahren
auch andere Autoren – beispielsweise Eduard Claudius – zum Helden
erkoren hatten. Allein, das angekündigte dramatische Werk wollte
nicht recht gedeihen und ist nie vollendet worden. In diesem Augenblick kam Strittmatters Manuskript.

Dem Stadtmenschen Brecht, der vom Leben auf dem Lande keine
Ahnung hatte, imponierte die gründliche Kenntnis des Dorfmilieus,
die der Verfasser des *Katzgrabens* unzweifelhaft besaß. Aber ihm gefiel
ebenfalls Strittmatters volkstümlich einfache und bisweilen anschauli-
che Sprache. So reizte es ihn, den unbeholfenen Entwurf in ein
spielbares Bühnenstück umzuwandeln, mit dem er der Partei beweisen
konnte, daß er ihre Wünsche zwar nicht als Autor, doch immerhin als
Theaterleiter erfülle.

In langwieriger Zusammenarbeit mit Strittmatter, an der sich auch
mehrere Assistenten Brechts stark beteiligten, entstand schließlich ein
Drama, das als Kollektivprodukt bezeichnet werden muß. Neben den
Realien sind der Grundriß der Handlung und die Sprache im wesentlichen Strittmatter zuzuschreiben. Die Konstruktion einzelner Szenen
hingegen, der dramaturgische Aufbau des Ganzen und die Charaktere

der auftretenden Figuren stammen vornehmlich von Brecht und seinen Assistenten.[3]

Trotz einer ungewöhnlich sorgfältigen und teilweise vortrefflichen Aufführung war dem Stück ein nennenswerter Erfolg nicht beschieden. Auch die führenden marxistischen Kritiker machten aus ihrer Enttäuschung kein Hehl. Max Schroeder, beispielsweise, betonte sein Mißbehagen und empfahl dringend weitere Umarbeitungen. Er hat auf nicht humorlose Weise die Problematik des Stückes charakterisiert: »In Strittmatters Spiel steht im Vordergrund der Kampf zwischen den Kleinbauern gegen den Großbauern, wobei es gelingt, den Mittelbauern auf die Seite des Kleinbauern herüberzuziehen.«[4]

Vom sprachlichen Niveau des *Katzgrabens* mag ein Abschnitt zeugen, den Brecht in einem diesem Drama gewidmeten Aufsatz als besonders wirkungsvoll hervorgehoben hat.[5] Dieses Zitat verdeutlicht übrigens, wie gering Brechts Ansprüche waren, wenn er die Versuche von Anfängern beurteilte, die bereit waren, seine Hinweise zu befolgen. Es spricht der Grubenarbeiter und Parteisekretär Steinert, der die Bauern über die Nützlichkeit von Traktoren belehrt:

Ochse! Ochse! Ochse!
Ist so ein Vieh der Mittelpunkt der Welt?
Denkt doch daran, wir schaffen jetzt Stationen,
wo man sich einen Traktor leihen kann,
und ihr, ihr klammert euch an Ochsenschwänze.
Warum nicht mit der Nase Furchen ziehn!
Ein Ochse darf für uns doch nur Behelf sein,
der Kuhablöser, solang's an Traktoren mangelt.
Im Vorjahr saht ihr nur noch Ochsen; die Partei
sieht längst Traktoren pflügen.

In einem weiteren Bühnenstück, dem Schauspiel *Die Holländerbraut* (1959), behandelt Strittmatter die sozialen und politischen Verhältnisse in seiner Niederlausitzer Heimat kurz vor und kurz nach Kriegsende. Anzeichen einer dramatischen Begabung lassen sich in dem Werk, das er diesmal offenbar allein verfertigt hat, beim besten Willen nicht finden.

Hingegen verfügt Erwin Strittmatter über eine auf dem Hintergrund der DDR-Literatur deutlich erkennbare epische Begabung, die zwar nicht in seinen Erzählungen (*Eine Mauer fällt*, 1953), wohl aber in seinen Romanen zutage tritt – in dem bereits erwähnten *Ochsenkutscher*, in dem Buch *Tinko* (1954) und vor allem in seinem auch außerhalb der DDR erfolgreichen Hauptwerk *Der Wundertäter* (1957).

Einzelne Abschnitte und Szenen dieser vorwiegend auf dem Lande spielenden Romane weisen Strittmatter als volkstümlich-urwüchsigen Erzähler aus, als beherzten und temperamentvollen Heimatdichter, der Humor und Phantasie hat, das kernige Wort bevorzugt und beobachten und fabulieren kann. In drastischen Schilderungen des Dorfmilieus und der Welt der Handwerker, in plastischen Genrebildern und harmlos-heiteren Miniaturen bewährt sich seine Begabung. Handfest ist sein Humor, simpel und hausbacken. Er verschmäht weder geschmacklose noch vulgäre Scherze. Seine besondere Liebe gehört dem Kegelbruder-Ulk. Aber zuweilen – am häufigsten im *Wundertäter* – wartet er auch mit treffenden satirischen Akzenten auf.

In allen drei Romanen fallen farbige, natürlich klingende Dialoge auf, die sich durch kraftvolle Wendungen und saftige Dialektausdrücke auszeichnen. Andererseits vertraut Strittmatter seiner Sprache nicht und strebt daher Vergleiche und Bilder an, die er vermutlich für poetisch hält. »Die Nacht war groß«, – heißt es im *Wundertäter* – »und die kleinen Lichter saßen versteckt wie Läuse in ihrem schwarzen Pelz.« Oder: »Auch auf dem Baum dieser Liebe wuchsen für Weißblatt faule Früchte. Sie fielen ihm nach einigen Wochen auf den Kopf.«

Wer sich allerdings von den Vorzügen der Prosa Strittmatters überzeugen möchte, muß beharrlich sein. Denn dieser Autor stellt die Geduld und Nachsicht des Lesers oft auf eine harte Probe. Die Romane enthalten eine Fülle fader und nichtssagender Schilderungen sowie seichter und platter Episoden. Die intellektuelle Armseligkeit ist schwer erträglich.

Die meisten Gestalten sind entweder mit einer primitiven Schablone gezeichnet oder unterscheiden sich voneinander lediglich durch ihre Namen. In dem Stück *Katzgraben* heißen die Bauern Kleinschmidt, Mittelländer und Großmann, wodurch Strittmatter bereits ihre Klassenzugehörigkeit zu den »Kleinbauern«, den »Mittelbauern« oder den »Großbauern« unterstreicht, was wiederum deren Charaktere unwiderruflich bestimmt: Der »Kleinbauer« ist gut, der »Großbauer« böse, und der »Mittelbauer« schwankt zwischen gut und böse, also zwischen der DDR und dem Klassenfeind. Im *Wundertäter* gibt es – um nur einige Beispiele anzuführen – einen Fabrikdirektor Drückdrauf, einen Professor Obenhin, einen Wachtmeister Dufte, einen Gesellen Hohlwind, einen Feldwebel Zauderer, einen Friseur Stufenschneider. Mit entwaffnender Naivität bedient sich Strittmatter der billigsten Klischees.

Immer wird die Welt aus der Sicht kindlicher und kindischer, einfältiger und dümmlicher Helden gezeigt. Im Mittelpunkt des *Ochsenkutschers*, der wohl als eine Art Erziehungsroman gedacht war und in dem autobiographische Elemente dominieren, steht ein armer, verträumter Dorfjunge, der noch im Alter von siebzehn Jahren wie ein kleines Kind spricht. Die Handlung beginnt in der Wilhelminischen Zeit und spielt vornehmlich in den Jahren der Weimarer Republik. Strittmatter kritisiert auf treuherzige Weise die dürftigen und entbehrungsreichen Verhältnisse auf dem Lande, er erzählt von einer Dorfschule mit borniertem preußischen Lehrertypen, er attackiert Bigotterie und Chauvinismus.

Politische Motive, in dem *Ochsenkutscher* nur am Rande angedeutet, hat Strittmatter in dem Roman *Tinko*, der unter starkem Einfluß des Sozialistischen Realismus entstanden ist, in den Vordergrund gerückt. Die gesellschaftlichen Veränderungen im Leben eines sowjetzonalen Dorfs in den Jahren 1948/49 sollen hier veranschaulicht werden. Der Titelheld, ein elfjähriger Junge, wird von seinem Großvater erzogen, einem reaktionären Bauern, der natürlich verschlagen, rechthaberisch und außerordentlich eigensinnig ist. Bald taucht jedoch der Vertreter des Fortschritts auf. Im Sinne des Schemas, das in der DDR-Literatur dieser Jahre häufig angewandt wird, ist es ein Heimkehrer, ein einfacher Soldat, der sich in einem sowjetischen Kriegsgefangenenlager in einen begeisterten Kommunisten verwandelt hat. Bei Strittmatter tritt in dieser Rolle Tinkos Vater auf. Schnell kommt es zu einem Konflikt zwischen dem guten, fortschrittlichen Vater und dem bösen, reaktionären Großvater.

Aber alles endet so, wie die Partei es wünscht, wobei der Untergang der glücklich überwundenen Epoche durch den Tod des verbohrten, abstoßend unverbesserlichen Großvaters symbolisiert wird. Im

Schlußabsatz heißt es: »Stellmacher Felko und andere Männer in schwarzen Röcken schrauben den Sarg zu. Mein Vater hält mich bei der Hand. Seine Hand ist glatt und warm. Ich sehe Großvaters Hände zum letzten Male. Sie waren stumpf und braun wie Wurzelstümpfe. Jetzt sind sie bleich und grau wie Knochen. Sie werden nicht mehr im Acker wühlen, als ob sie ihn streicheln. Sie werden mich auch nicht mehr schlagen. Sie haben die neue Zeit zurückzerren wollen. Die Zeit schleuderte sie beiseite.«

Da der Titelheld zugleich der Ich-Erzähler des Romans ist, sehen wir die komplizierten Erscheinungen in den ersten Nachkriegsjahren lediglich aus der Perspektive eines Kindes. Die primitive Erkenntnisstufe und die bisweilen bestürzende Naivität des Buches werden auf diese Weise von vornherein legitimiert. Andererseits aber unterschiebt Strittmatter seinem erzählenden Medium Reflexionen und Wahrnehmungen, die die Möglichkeiten eines elfjährigen Jungen weit überschreiten. Schließlich gerät der Verfasser mit den Grundsätzen der epischen Logik in Widerspruch, weil er diesen Ich-Erzähler über Vorgänge berichten läßt, bei denen er nicht zugegen war.

Bezeichnend für *Tinko* ist auch eine stilistische Manier – Strittmatter versucht es diesmal mit kurzen, abgehackten Sätzen von fast einschläfernder Monotonie. Als Beispiel dafür mag der Anfang des Romans dienen: »Schon am Morgen ist es wie Frühling. Ich reiße das vortägige Blatt vom Kalenderblock. Eine fette schwarze Zehn wird sichtbar. Unter der Zehn steht ›Oktober‹. Schon den zweiten Tag bin ich nicht in der Schule. Die Kartoffeln und Großvater sind daran schuld. Morgen werden sie in der Schule den Hausaufsatz abliefern: ›Worüber ich glücklich wäre‹. Von mir wird der Lehrer Kern keinen Hausaufsatz sehen. Ich wäre glücklich, wenn ich wieder in die Schule gehen könnte. Man braucht sich dort nicht zu bücken, bis der Rücken starr und steif wird. Ich schlendere aufs Feld. Die Sonne wärmt. Die Luft ist lau.«

Strittmatters nächster Roman, *Der Wundertäter*, ist zwar nur drei Jahre nach *Tinko* erschienen, stammt aber dennoch aus einer anderen Epoche. Die Geschichte vom elfjährigen Dorfjungen, der die SED-Herrschaft auf dem Lande preist, wurde durch die Forderungen der stalinistischen Kulturpolitik geprägt. *Der Wundertäter* hingegen kann als ein Dokument des »Tauwetters« in der DDR gelten. Allerdings muß man sich darüber im klaren sein, daß »Tauwetter« nicht unbedingt »Revolte« bedeutet. Von aufrührerischen Akzenten ist dieses Buch frei; und es sind in ihm auch nicht die geringsten Anspielungen zu finden, die als Anzeichen der Unzufriedenheit des Autors mit den Verhältnissen jenseits der Elbe verstanden werden könnten.

Aber schon die Wahl des Themas läßt auf jene größere Freiheit schließen, die der DDR-Literatur damals vorübergehend gegönnt wurde. Nachdem Strittmatter einige Jahre versucht hatte, den aktuellen Fragen im Sinne der Partei gerecht zu werden, wandte er sich jetzt, wie einst in dem unfreundlich aufgenommenen Erstling, wiederum der Vergangenheit zu: Die Handlung beginnt 1909 und reicht bis 1943. Erzählt wird die Geschichte eines weltfremden und dennoch lebenstüchtigen Bäckergesellen, eines ewigen Pechvogels, der letztlich doch Glück hat. Er leidet unter seiner Unbildung, aber schlägt sich fröhlich durchs Leben. Er ist verträumt, arglos und versponnen und zugleich schlau und gewitzt.

Aus vielen anekdotischen Szenen entsteht ein bunter epischer Bilderbogen. Da gibt es allerlei amüsante Gaukeleien, da hören wir von humorigen Abenteuern mit spröden oder liederlichen Mädchen und von heiklen Begegnungen mit geilen Witwen; schlüpfrig-biedere Späße, unbedarfte Gaunerstücke und harmlose Schelmenstreiche werden geboten. Derb und deftig ist der Ton. Jemand packt »ein dralles Weib an den Hüften«, »Brüste strämmten den Blusenkattun«, der Meister schlägt einem Mädchen »mit der flachen Ofenschosse eins auf den gewölbten Teil des Rockes«.

Kurz vor Ausbruch des Zweiten Weltkrieges meldet sich unser lustiger Held freiwillig zur Wehrmacht. Dieser Wendung verdankt der Schlußteil des Buches einen neuen Ton, denn Strittmatter macht ausgiebig von der Gelegenheit Gebrauch, Szenen aus dem Landserleben zu schildern und Kasernenscherze einzuflechten. Seine (nicht übermäßige) Aggressivität gilt dem Typ des beschränkten und mitunter auch tyrannischen Unteroffiziers, der in derartigen Büchern – über den Ersten oder über den Zweiten Weltkrieg, östlicher oder westlicher Herkunft – als Zielscheibe des Spotts stets beliebt ist.

Die Kritik in der DDR hat sich um den *Wundertäter* redlich bemüht. Don Quixote, Till Eulenspiegel und Simplicius Simplicissimus seien, erfuhr man, die Ahnen des Strittmatterschen Bäckergesellen. Auch Wielands *Agathon*, Goethes *Wilhelm Meister*, Eichendorffs

Taugenichts und Kellers *Grüner Heinrich* wurden zum Vergleich herangezogen. Die gebildeten Interpreten wollten dieses heitere Werk mit den Postulaten der Kulturpolitik in Einklang bringen. Eine einfache Aufgabe war es nicht. Dennoch avancierte das Buch kurzerhand zum proletarischen Erziehungsroman und wurde sogar offiziell als »meisterhafter sozialistischer Entwicklungsroman«[6] deklariert.

Allerdings spielt *Der Wundertäter* nicht im proletarischen, sondern vorwiegend im kleinbürgerlichen Milieu. Auch haben wir es kaum mit einem sozialkritischen und überhaupt nicht mit einem sozialistischen Roman zu tun. Im Zuge des »Tauwetters« meinte Strittmatter, diesmal politische Fragen entweder ganz aussparen oder nur rasch andeuten zu dürfen. Der Zeithintergrund ist flüchtig skizziert und erweist sich in vielen Kapiteln lediglich als eine Art Kulisse für die Abenteuer und Streiche des Helden. Die zahlreichen satirischen Akzente entspringen weder einer ideologischen oder politischen Betrachtungsweise der Phänomene, noch haben sie mit Gesellschaftskritik im marxistischen Sinne etwas gemein. Vielmehr handelt es sich um eine primitive, unverblümte, gesund-kräftige Lebensweisheit, die bisweilen amüsant ist, meist harmlos wirkt, und immer vordergründig bleibt. Nicht der Klassenkämpfer, der Schalk hat hier das Wort.

So konnte *Der Wundertäter* in der DDR zu einem wirklichen Erfolgsbuch werden: Endlich hatte ein repräsentativer Parteischriftsteller einen Roman geschrieben, der, mit erotischen Episoden, mit Altherrenwitzen und mit allerlei Ulk reichlich gewürzt, als Unterhaltungslektüre für weniger anspruchsvolle Leser vortrefflich geeignet war.

Freilich hat auch das »Tauwetter« das intellektuelle Niveau der Strittmatterschen Prosa nicht zu heben vermocht. Der Abschnitt, in dem vom Einfluß Nietzsches auf den Romanhelden die Rede ist, kann in dieser Hinsicht als typisch gelten: »Er las mit krauser Stirn, und er fand Stellen, die er nicht verstand. Er schöpfte Verdacht, daß diese Buchstellen nur von Friedrich Nietzsche persönlich verstanden werden konnten, denn dieser Friedrich war nichts weniger als der Vater des Übermenschen. Stanislaus fand aber auch Absätze und weise Lehren, die ihm eingingen wie Honig. Die Biene Friedrich Nietzsche schiß ihm diesen Honig paßrecht in die Hirnzellen. ›Alles am Weibe ist ein Rätsel, und alles am Weibe hat eine Lösung: sie heißt Schwangerschaft.‹ Ja, ja, der Friedrich wußte Bescheid! Stanislaus konnte sich nicht verzeihen, daß er Lilian kein Kind gemacht hatte. Es wäre ihr schwerer gefallen, mit einem Kindbündel auf dem Arm nach Feldwebeln zu fischen.«

In der DDR wurde versucht, die intellektuelle Dürftigkeit der Bücher des oft preisgekrönten Schriftstellers theoretisch zu rechtfertigen. Strittmatter, heißt es, wähle den »naiven Erzählstandpunkt«, denn er wolle den Lesern eine »ideologische Vorgabe« einräumen.[6] Das offizielle Lehrbuch erläutert, die geistige Unzulänglichkeit der Zentralfiguren Strittmatters sei für ihn »ein Mittel, eine bei aller Sympathie kritische Distanz, eine gewisse ›Verfremdung‹ zum Helden zu gewinnen«.[7]

Daraus geht hervor, daß dieser Romancier, wenn er nur wollte, auch eine weniger simple Darstellungsweise wählen könnte, jedoch seinen Intellekt aus erzieherischen Gründen unter den Scheffel stellt. Eine derartige Deutung würde wohl glaubhafter klingen, hätte nicht Strittmatter dem Bedürfnis, öffentliche Ansprachen zu halten, so häufig nachgegeben. Denn in ihnen bevorzugt er mit erstaunlicher Konsequenz ebenfalls jenen »naiven Erzählstandpunkt«. Vielleicht meinte er, auch auf der »Theoretischen Konferenz« des Schriftstellerverbandes der DDR im Jahre 1958 seinen Hörern eine »ideologische Vorgabe« einräumen zu müssen. Er sagte:

»Zunächst ist man mal für manche Kollegen schon gar nicht ›salonfähig‹, wenn man zu optimistisch auf unsere gesellschaftliche Entwicklung sieht. Es muß doch zum Deibel etwas zu kritisieren und zu witzeln geben; wozu sind wir denn sonst so schlau? Und wenn's die Sachsen sind, über die wir uns lustig machen, ohne zu merken, daß wir damit dem Feinde schöne Schützenhilfe leisten. Da ich kein Kind von Traurigkeit bin, habe ich zu Zeiten kräftig mitgewitzelt, wenn's sehr dick kam, hie und da auch mitgezweifelt. Schließlich wollte ich ja nicht der Dummbüttel vom Dorfe sein. Da war ich also schon angesteckt, ganz hübsch angesteckt übrigens. Was mich aber nicht ganz und gar krank werden ließ, das war mein proletarischer Optimismus. Den konnte und konnte ich nicht länger als eine Stunde verstecken ... Der Sozialismus ist das, was schwer zu machen ist. Schön, aber wenn man die Vorgänge noch psychologisch verkompliziert, dann ist er nicht nur schwer zu machen, sondern überhaupt nicht ... Nun gehöre ich für

meine Kollegen wieder zu den naiven Vereinfachern, und ich muß
sagen: Mir ist ganz wohl dabei.«[8]

Es besteht kein Anlaß, an der Aufrichtigkeit dieses Geständnisses zu
zweifeln. Aber es fällt schwer, einen Unterschied zwischen dem
intellektuellen Niveau des Heimatdichters Strittmatter und demjenigen seiner volkstümlichen Helden zu erkennen.

(1963)

Die Bibel und Stalin

Stefan Heym, *Der König David Bericht*

Der jetzt neunundfünfzigjährige Stefan Heym, den einst das Kriegsbuch *Bitterer Lorbeer* international bekanntgemacht hat, gehört zu jenen DDR-Autoren, die sich über mangelndes Echo im Westen nicht zu beklagen brauchen. Aber obwohl sein Werk zum großen Teil aus Romanen und Geschichten besteht, wird die Frage nach der Qualität dieser Prosa in der Regel ausgespart. Heym hat mittlerweile den Ruf einer eher politischen als literarischen Figur.

Das aber ist doch wohl nicht ganz gerecht. Denn er hat sich als ein nicht nur scharfsinniger und sarkastischer, sondern auch phantasievoll-anschaulicher Erzähler erwiesen, der bisweilen – so in einigen sorgfältig und fast raffiniert komponierten Geschichten des Bandes *Licht und Schatten* (1960) – für heikle und wichtige aktuelle Themen einen einprägsamen und durchaus adäquaten literarischen Ausdruck zu liefern vermochte.

Andererseits hat Heym niemals verheimlicht, daß ihn vor allem Politisches interessiert und daß ihm an der Kunst nur wenig, hingegen an dem, was man Breitenwirkung nennt, sehr viel gelegen ist. Im Grunde verwendet er die epische Form lediglich als Verpackung und Vehikel für zeitkritische Befunde und polemisch gemeinte Diagnosen. Dabei operiert er ziemlich forsch auch mit kunstgewerblichen und etwas groben Mitteln und kennt, scheint es, keine Bedenken, seine Bücher hier und da in die Nähe der Kolportage geraten zu lassen.

Das kann nicht jedermanns Geschmack sein. Nur sollte man sich hüten, einer solchen Prosa, die militanten und aufklärerischen Intentionen auf sehr direkte und gleichwohl unterhaltsame Weise dienen will, die Daseinsberechtigung innerhalb der Literatur abzusprechen. Und wie ich es für einigermaßen töricht halte, etwa einem Rolf Hochhuth vorzuwerfen, er kümmere sich nicht um die Errungenschaften der modernen Dramatik, so wäre es auch im Fall Heym – die Parallele ist, glaube ich, gar nicht so abwegig – ein Mißverständnis, auf strenge ästhetische Kriterien pochen zu wollen.

Dies gilt erst recht für seine im letzten Jahrzehnt geschriebenen erzählenden Werke. Sie spielen alle in ferner Vergangenheit, doch geht es natürlich immer und ausschließlich um die unmittelbare Gegenwart. Aber der sich aufdrängenden Frage, ob denn der historische Roman heute noch einen Sinn habe, entziehen diese Bücher schon deshalb den Boden, weil der DDR-Autor Heym offensichtlich über keine andere Möglichkeit verfügt, zu sagen, was er sagen will. Mit anderen Worten: Er aktualisiert nicht die Historie, vielmehr behilft er sich, um Aktuelles an den Mann bringen zu können, mit historischen Figuren und Motiven. Nach Daniel Defoe, der im Mittelpunkt seiner Erzählung *Die Schmähschrift* (1970) stand, ist nun, in dem Roman *Der König David Bericht*[1], Biblisches an der Reihe.

König Salomo benötigt »einen autoritativen, alle Abweichungen ausschließenden Bericht über das Leben, die großen Werke und heroischen Taten« seines Vaters, des Königs David, der damals offenbar einen ziemlich üblen Leumund hatte. Die in Auftrag gegebene Schrift soll »allem Widerspruch und Streit ein Ende setzen«. Daß der meist mit der so dekorativen Harfe abgebildete König David keineswegs nur ein Freund der holden Sangeskunst war, sondern auch ein recht skrupelloser und vor grausamen Verbrechen nicht zurückschreckender Machtpolitiker, kann eine Neuentdeckung bloß für diejenigen Leser sein, denen die Bibel bisher entgangen ist.

Denn die jüdischen Schreiber, die für das Sammelwerk arbeiteten, das später *Das Alte Testament* genannt wurde, waren nicht die schlechtesten Literaten; und so dachten sie nicht daran, die Juden zu schonen – weder das Volk noch seine Könige. Nicht zuletzt deshalb sind viele Texte dieser erfolgreichsten Anthologie der Weltliteratur noch heute lesbar – darunter gerade die über die zahlreichen Missetaten des musikalischen Tyrannen David. Was hierüber die Bücher Samuel knapp und klar mitteilen, wird von Heym ausgeschmückt und ergänzt, motiviert und interpretiert. Bald ähnelt der biblische Monarch verschiedenen modernen Diktatoren. Wenn ich mich nicht ganz irre, ist es vor allem Stalin, der hier als Modell benutzt wurde.

Aber in Wirklichkeit geht es dem DDR-Autor nur in zweiter Linie um Stalin und seinesgleichen. Weniger eindeutige Gestalten sind es, die ihn faszinieren. Delikateres hat er im Sinn. Wichtiger nämlich als König David ist in dieser Geschichte derjenige, der das Material über ihn sammelt und den Bericht entwirft: Ethan ben Hoshaja, ein Historiker.

Er hat »eine Schwäche für die Wahrheit«, er ist ein wissensdurstiger Mann, er forscht mit detektivischem Spürsinn. Indes erwartet König Salomo, daß in dem Report »die erbaulichen Aspekte des Lebens« betont werden. »Unsre Aufgabe ist es – sagt ein Mitglied der von ihm berufenen Kommission –, die Größe unsres Zeitalters zu widerspiegeln, indem wir einen glücklichen Mittelweg wählen zwischen dem, was ist, und dem, was die Menschen glauben sollen.« Es komme darauf an, die historischen Geschehnisse »mit Diskretion« darzustellen, diese aber sei »Wahrheit gezügelt durch Weisheit«. Die »völlige Verdrehung der Tatsachen« ist unerwünscht, denn »sie narrt nur völlige Narren und macht das ganze Buch unglaubhaft«. Dem weisen Salomo hingegen ist es lieber, wenn die Kommission »die Wahrheit, wo sie gebeugt werden muß, nur geringfügig beugte, und überhaupt auf subtilere Art vorginge, damit das Volk auch glaubt, was geschrieben steht«.

Kurzum: Nicht die Abrechnung mit dem Stalinismus schlechthin steht hier im Vordergrund, sondern die Auseinandersetzung mit den Propagandamethoden, mit dem Sozialistischen Realismus. Und daß es Heym dabei weniger um jenen der dreißiger und vierziger Jahre geht als vielmehr um Praktiken, die in der kommunistischen Welt immer noch üblich sind, zeigt der Schluß seines Romans. Der patriotisch gesonnene Historiker Ethan ben Hoshaja, der freilich zuviel erfahren hat, wird zum Tode verurteilt; da aber sein leiblicher Tod »übelmeinenden Menschen Anlaß geben könnte zu der Behauptung, der Weiseste der Könige, Salomo, unterdrücke Gedanken, verfolge Schriftgelehrte, und so fort«, soll der Angeklagte »zu Tode geschwiegen werden; keines seiner Worte soll das Ohr des Volkes erreichen . . .«.

Stefan Heym zielt also auf die Lage heutiger Schriftsteller ab – von Solschenizyn bis zu Wolf Biermann, ihn selber, den Autor des Romans *Der König David Bericht*, nicht ausgeschlossen. Von Anspielungen kann hier kaum die Rede sein, alles wird, ungeachtet des historischen Kostüms, sehr direkt und deutlich, oft allzu deutlich dargelegt. Den Nürnberger Trichter verpönt Heym nicht. Um ja nicht mißverstanden zu werden, verwendet er häufig, auch inmitten biblisch getönter Kadenzen, Vokabeln wie etwa »Abweichung« und »Gruppenbildung«, »Unterwanderung« und »Wühlarbeit«, »Personenkult« und »literarischer Hochverrat«.

Wo Heym auf Hochdramatisches aus ist und mit großen Bögen und feierlichen Akkorden zu arbeiten versucht, wirkt sein Buch eher peinlich. Doch wo er sich auf augenzwinkernden Witz und bittere Ironie verläßt – und das gilt für beträchtliche Teile des Ganzen –, ist sein King-David-Report lesenswert und auf makabre Weise amüsant. Der Erzähler Heym bewährt sich, wo bei seinem Roman, sagen wir, nicht Bach, sondern Offenbach Pate gestanden hat.

Übrigens: Ist es nicht leichtsinnig, hier über den eigentlichen politischen Inhalt dieses Buches so offen zu reden, da es doch, nicht zufällig, nur im Westen erscheinen durfte? Wird nicht damit, was keiner möchte, nämlich dem in der DDR lebenden Autor eventuell geschadet?

Solche Fragen hört man in der Tat oft. Aber wer dies befürchtet, muß die Kulturpolitiker der SED für schwachsinnig halten. Sie waren und sind es nicht. Ich kann die ängstlichen Freunde der DDR-Autoren beruhigen: Was wir aus ihren Büchern herauslesen, wird von den in Ostberlin für die einheimische Literatur zuständigen Damen und Herrn erst recht verstanden. Man braucht sie nicht vom Westen aus darüber aufzuklären, was Heym geschrieben hat: Sie wissen es schon.

Spöttisch ist in seinem pseudobiblischen Roman von »behördlich zugelassenen Erzählern von Geschichten und Legenden« die Rede. Heym, Nationalpreisträger der DDR, gehört ebenfalls zu den »behördlich zugelassenen« Schriftstellern, nur daß ihm, seit er Mitte der sechziger Jahre gegen die Reglementierung der Literatur in den Ostblockländern protestiert hat, die Konzession lediglich für das Ausland bewilligt wird.

Wie man sieht, konnte es sich die DDR noch nicht leisten, Heyms Offenbachiade zu veröffentlichen. Doch kann sie es sich immerhin schon leisten, ein Buch dieser Art für den Westen freizugeben – und das ist nicht weniger bemerkenswert. Und auch erfreulich.

(1972)

Für festliche Stunden
Stephan Hermlin, der Poet

Arnold Friedrich Vieth von Golßenau, der Sproß einer sächsischen Uradelsfamilie, hatte für sein erstes Buch ein plebejisch klingendes Pseudonym gewählt: Ludwig Renn. Auch im Leben bediente er sich fortan dieses Schriftstellernamens. Damit sollte ein grundsätzlicher Schritt angedeutet werden: Der Verfasser hatte sich ein für allemal von seiner feudalen Umwelt losgesagt, um sich dem revolutionären Kampf der Arbeiterklasse anzuschließen. Das war eine ideologische und politische Entscheidung, die durch zeitgeschichtliche Ereignisse und persönliche Erlebnisse bedingt wurde. Liest man jedoch Renns autobiographische Bücher, so spürt man, daß hier neben ideologischen und politischen Überlegungen noch ein Motiv anderer Art eine gewiß untergeordnete, aber doch nicht ganz unwichtige Rolle gespielt hat: Der dekadenten Atmosphäre in seiner Umgebung überdrüssig, suchte der von Golßenau das Einfache, Saubere und Gesunde, das Primitive und das Kräftige. Das alles glaubte er im Proletariat finden zu können. Der einsilbige Name Renn – schlicht, knapp, hart – symbolisiert also auch eine von Politik und Zeitgeschehen unabhängige elementare Sehnsucht.

Der Dichter, von dem hier die Rede sein soll, stammt ebenfalls aus Sachsen – er wurde 1915 in Chemnitz geboren –, kommt jedoch nicht aus einem adligen, sondern aus einem bürgerlichen oder großbürgerlichen Haus. Als Sechzehnjähriger tritt er in Berlin dem Kommunistischen Jugendverband Deutschlands bei. Hatte Renn als Fahnenjunker in einem besonders exklusiven Regiment des königlichen Sachsen gedient, um die Offizierslaufbahn einzuschlagen, so war unser Dichter Lehrling in einer Druckerei, bereitete sich also für einen proletarischen Beruf vor.[1] Der junge Kommunist, der sich auch in der Illegalität politisch betätigte, emigrierte 1936. Sein Weg führte ihn über Ägypten, Palästina und England nach Frankreich, wo er zeitweise interniert war und sich an der Widerstandsbewegung beteiligte, und schließlich nach der Schweiz, wo er abermals ein Internierungslager kennenlernen mußte. In Zürich erschien im Frühjahr 1945 seine erste selbständige Publikation: *Zwölf Balladen von den großen Städten*. Name des

Verfassers: Stephan Hermlin. In Wirklichkeit hieß der Debütant Rudolf Leder.

Daß wir es hier mit einem Pseudonym zu tun haben, ist nicht bemerkenswert – übrigens mußten die nach der Schweiz emigrierten deutschen Schriftsteller meist ihre Arbeiten anonym oder pseudonym veröffentlichen. Hingegen scheint die getroffene Wahl aufschlußreich zu sein. Während Leder ein unauffälliger, alltäglicher Name ist, ruft das Pseudonym Hermlin die Erinnerung an jene edlen Pelze wach, mit denen Könige traditionsgemäß ihre Mäntel schmückten. Dieser Name läßt an etwas Wertvolles und Kostbares denken, an Erlesenes und Feierliches. Und der Vorname? Stephan mag zwar ebenso gebräuchlich wie Rudolf sein, ist jedoch der Vorname von zwei bedeutenden Lyrikern der letzten hundert Jahre – von Mallarmé und George. Hermlin hatte wohl eher den Franzosen gemeint, worauf – von allen anderen Umständen abgesehen – die von ihm gewählte Schreibweise hindeutet. Gleichviel, ob Mallarmé oder George – bei beiden Namen stellen sich im ersten Augenblick ähnliche Assoziationen ein: Erhabenes und Dunkles, formale Strenge, festlicher Tonfall und priesterliche Würde, das Weihevolle und das Majestätische.

Hat der Debütant derartige Assoziationen angestrebt? Das kann ich nicht behaupten. Aber daß er, ein Feinschmecker der Sprache, ein sensibler Kenner der Symbole, Bilder und Anspielungen, sich ihrer nicht bewußt war, ist ausgeschlossen. Unlieb waren sie ihm jedenfalls nicht. Und mögen auch in diesem Fall bei der Wahl des Pseudonyms ideologische und politische Motive keine Rolle gespielt haben – Hermlin blieb im Exil dem Kommunismus treu –, so darf man doch von einem psychologischen Symptom sprechen. Wird nicht hier die gleiche Sehnsucht deutlich wie einst bei dem von Golßenau, als er sich Renn nannte – allerdings in umgekehrter Richtung? Hat der Autor der *Zwölf Balladen* vielleicht seinen gewöhnlichen, schlichten Namen in einen ungewöhnlichen, anspruchsvoll-wohlklingenden umgewandelt, weil er, der ehemalige Lehrling in einer Druckerei, der kommunistische Klassenkämpfer, der umhergetriebene Emigrant, vom Vornehmen und Distinguierten träumte und sich im Grunde seiner Seele nach dem Exklusiven und dem Aristokratischen sehnte?

Dies sei, wird man sagen, eine menschliche, eine harmlose Sehnsucht. Natürlich – nur kann sie unter bestimmten gesellschaftlichen und politischen Voraussetzungen unversehens ihre Harmlosigkeit einbüßen und sogar den Künstler in schwierige Konflikte bringen. Aber wie auch immer: als sich der junge Dichter für den Namen »Stephan Hermlin« entschied, bekannte er sich bewußt oder unbewußt zu einem persönlichen ästhetischen Programm. Denn die Assoziationen und Reflexionen, zu denen dieses Pseudonym Anlaß gibt, werden durch sein literarisches Werk bestätigt und potenziert.

Schon die frühe Lyrik, enthalten in dem erwähnten Erstling *Zwölf Balladen von den großen Städten* und in den kurz darauf in Deutschland erschienenen kleinen Sammlungen *Die Straßen der Furcht* (1946) und *Zweiundzwanzig Balladen* (1947), läßt eine außerordentliche sprachliche Gewandtheit, eine geradezu artistische Formulierbegabung erkennen. Zugleich erweist es sich, daß der Autor sehr belesen und für heterogene literarische Einflüsse empfänglich ist. Barock, Symbolismus, Neuromantik und Expressionismus machen sich in seinen Versen bemerkbar; man glaubt das Echo vieler Lyriker zu hören – von Rilke, Hofmannsthal und George über Heym, Stadler und Trakl bis zu Brecht und Benn. Vor allem aber ist das Vorbild der Franzosen deutlich: von Rimbaud und Mallarmé bis Eluard und Aragon. Die vom Surrealismus kommende literarische Widerstandsbewegung Frankreichs, deren einzelne Vertreter er während des Krieges kennenlernte, hat ihn wohl am stärksten geprägt. Diese nicht immer rühmliche stilistische Anpassungsfähigkeit und Vielseitigkeit und die sprachliche Geläufigkeit prädestinieren übrigens Hermlin zum Nachdichter: Wir verdanken ihm beachtliche und teilweise meisterhafte Übertragungen von Versen Paul Eluards, Pablo Nerudas, des Türken Nazim Hikmet, des Ungarn Attila Jozsef und amerikanischer Negerlyriker.

Was indes seine eigenen Verse betrifft, so lassen sich über alles Eklektische hinaus doch gemeinsame Kennzeichen feststellen. Denn welchem Meister Hermlin auch nacheifert, welcher stilistischen Anregung er auch folgen mag – es entstehen immer Strophen für festliche Stunden. Er liebt das edle Wort, den gewählten Ausdruck, den getragenen Tonfall, den feierlichen Rhythmus, die elegische Melodie, die dunkle Metapher, die tiefsinnige Anspielung, die strenge Form. Er bevorzugt romanische Versgebilde: die Stanze und das Triolett, die Terzine und das Sonett.

Vor allem liebt er das Poetische schlechthin. Er hat offenbar das dringende Bedürfnis, das Dasein zu stilisieren. Was er schildert, wirkt malerisch und dekorativ. In Hülle und Fülle werden geboten: Kathedralen, Dome, Paläste und Türme, Brunnen, Fontänen und Schwäne, Haine, Hügel und Gestade, Fahnen, Marmor und Glocken. Alle Musikinstrumente werden für dieses poetische Universum bemüht: von der Geige bis zur Orgel und mit einer besonderen Vorliebe Blasinstrumente – es gibt Flöten, Oboen, Saxophone, Trompeten, Fanfaren und Posaunen. Und was dieser Lyriker auch sagen mag, es wirkt würdig und erhaben. Er singt und kündet, er raunt und beschwört. Das Preziöse ist sein Element. Eine Strophe des »1940–1941« datierten Gedichts *Die toten Städte* lautet:

Senkt sich des Abends Kühle
Auf die traumsüchtige Welt,
Ist auf der Hügel Gestühle
Wolkenschatten gestellt,
Geistert die Klage der Hähne
In der Fiebernden Ruh,
Fliegen die Ungebornen
Dem Asphodelenhain zu.

Im selben Gedicht findet sich auch folgende Strophe:

Sonnen, wohin vergangen
Ist euer tönendes Rad?
Von der Schönheit umfangen
Apollinische Saat,
Flöten und marmorne Bilder,
Sterne im Abendbaum,
Lächelnde Mädchen, du milder,
Wohin starbst du, Traum?

Ein *Manifest an die Bestürmer der Stadt Stalingrad*, datiert »Dezember 1942«, beginnt:

Weil diese Nacht euer Haupt umlohte
Und der Vernichtung eure Stirn sich neigt . . .

Die zweite Strophe dieses *Manifests* hebt an:

Ich bin das Echo auf den weißen Treppen
Im Turme eures Haupts. Wie lang die Nacht . . .

In der *Ballade von den Städteverteidigern* lesen wir:

                                    . . . aus der Seide
Einer taubengrauen Dämmerung schimmert das Salz
Der Gesichter gefallener Kämpfer in tönender Heide.

Städte schreiten in dieser Lyrik »wie Wälder aus Marmor und
Licht«. Vom »Flug dämmernder Schwalben« hören wir und von
»des Domgestühls Wind«. Um die »Nüstern« eines Giganten »flak-
kert vergeblich des Bienenflugs goldene Glut«. In einem Gedicht
vom Jahre 1945 erklärt Hermlin:

. . . Nimmermehr mag ich deiner entraten,
Bis am schattenden Turme die Lanze mich trifft.

Oder:

Vor Domen senkt sich meine Stirn.

Daß der Autor dieser Verse Kommunist ist, geht nur aus wenigen
Gedichten hervor – dann allerdings unmißverständlich. In der *Ballade
von den weitschauenden Augen* besingt er die »rubinenbesternten«
Türme des Kremls und die zweihundert Millionen, die die »morgige
Welt« säen. »Und deine Beschwerde« – versichert der Dichter – »wird
schon metallen vom Kreml aus Glockenmündern genannt.« Verwunderlich ist allerdings das Entstehungsdatum dieser Ballade: 1940. Es
drängte also den jungen Hermlin, der Sowjetunion gerade zur Zeit des
Hitler-Stalin-Pakts zu huldigen.

Ansonsten ist in seinen Versen aus jenen Jahren vom revolutionären

Optimismus nichts zu spüren, vielmehr dominieren Einsamkeit und Müdigkeit, Resignation und Todessehnsucht. Nicht militante Gedichte sind es, wohl aber Klagelieder, deren Trauer jedoch ebenso selbstgefällig anmutet wie ihre Form:

> Ihr toten Dichter, die ihr für mich spracht,
> Ihr verließt mich, doch ich euch nie.
> Ich versank in der Bitterkeiten Meer,
> Und ihr hörtet nicht, als ich schrie.

Hermlin teilt mit: »Ich bin die Müdigkeit, das dumpfe Grauen.« Und ruft: »Doch wir sind krank / Und würgen an des Alpdrucks Speis.« Und bittet:

> O Bruder Tod, erhör uns, wieg
> Uns ein, eh sich das Graun erfüllt!

Er entwirft eine makabre poetische Landschaft – mit »blauen Kinderkadavern« und »endlos hinreichenden Zügen von Leichen«, mit »rattenerfüllten Kellern« und »gräßlichen Stollen«. Und die Nacht ist »von Sirenen, den sterbenden Tieren, zerfetzt«. In den Versen häufen sich Todesmotive und Todessymbole. Die Rede ist von »des Todes Bienenstock« und »des Todesweins Rest«, von der »Totenuhr in jedem Haus« und von des »Todes murmelnden Schleusen«; da heißt es: »Und in den Trümmern baden / Tote im Abendschein«, und »Die toten Tänzer in den Höfen / Hängen im Drahtgesträuch.«

Um seine Stimmung anzudeuten, glaubt Hermlin in düsteren Farben schwelgen zu müssen. Kaum ein Gedicht, in dem das Wort »schwarz« nicht vorkäme. Es gibt »schwarzes Blut«, »schwarze Sonnen«, »schwarze Lippen«, »schwarzen Mohn«, »schwarze Rosen« und »schwarze Rosse«, einen »schwarzen Schlangenhag«, »nachtschwarze Minuten«, »geschwärzte Fassaden«; und Blut zischte wie »schwarzes Bier«.

Alles in allem: Eine Lyrik voll krampfhafter Wendungen, banaler Verse, pathetischer Töne, konventioneller Symbole, blasierter Posen. Allerdings braucht man nicht lange zu suchen, um Strophen oder – noch häufiger – einzelne Zeilen zu finden, denen ein subtiler Reiz nicht abgesprochen werden kann, deren Musikalität ihren Eindruck nicht verfehlt. Mögen es auch nur kurze Passagen sein, in denen Hermlin seine Gefühle und Visionen, zumal seine Leiden zu beglaubigen vermochte – sie zeugen doch von einem unzweifelhaften künstlerischen Temperament. Und schon diesem Umstand mußte früher oder später ein Konflikt zwischen ihm und seiner Partei entspringen.

Allem Anschein nach hat Hermlin schon damals gespürt, daß seine düster-vornehme Dichtung sich beim besten Willen nicht mit den Forderungen der kommunistischen Kulturpolitik in Einklang bringen läßt. Er war entschlossen, diesen Widerspruch zu überwinden. 1945 wurde die Frage aktuell – denn nun ergab sich für den deutschen kommunistischen Dichter die Möglichkeit, zu den Massen zu sprechen. Jetzt mußte er der Aufgabe gerecht werden, die ihm die Partei gestellt hatte. Hermlins Sprache war für diese Aufgabe ungeeignet. Offen erklärte er in der 1945 geschriebenen, bekenntnishaften *Ballade von den alten und den neuen Worten*:

> Genügen können nicht mehr die Worte,
> Die mir eine Nacht verrät,
> Die beflügelte Magierkohorte,
> Wie vom Rauch der Dämonen umdreht ...

Der Abschied fällt schwer:

> Daß an meinen Worten ich leide!
> Und die Worte waren schön ...

Dennoch gibt der Dichter kund:

> Drum gebt mir eine neue Sprache!
> Ich geb euch die meine her.

Und:

> Ich will eine neue Sprache,
> Wie einer, der sein Werkzeug wählt.

Allein, auch dieses programmatische Gedicht, offenbar schon in jener
gewünschten neuen Sprache geschrieben, klingt elegisch aus:

> Am Boden liegt das Glas
> Und das Brot gewürzt mit Qualen.

Die notwendige Umstellung will nicht gelingen. *Forderung des Tages*
ist – wiederum programmatisch – ein anderes Gedicht aus dem Jahre
1945 betitelt. Hier versichert der Dichter: »Ich vernehme des Kommenden süßeste Geigen.« Sogleich fügt er jedoch hinzu: »Die Oboen
der Toten bezaubern mein Blut.« Todesmotive häuft Hermlin auch in
der 1947 entstandenen *Ballade nach zwei vergeblichen Sommern*.
Während des Krieges hatte er eine *Ballade von der Königin Bitterkeit*
geschrieben. Jetzt hingegen, 1947, im Jahre seiner Übersiedlung nach
Ostberlin, wartet er mit einer *Ballade von der Dame Hoffnung* auf.
Aber in Wirklichkeit ist dieses Gedicht nicht weniger bitter. Sein Fazit
lautet:

> Verbotener Brunnen du, nach dem wir bohren:
> Von den Bedrängten Hoffnung bist genannt.

Auch den ebenfalls 1947 datierten Stanzen mit dem Titel *Die Zeit der
Wunder* kann man schwerlich den vom Sozialistischen Realismus
geforderten Optimismus nachrühmen. Sie enden gar mit den einfach
und schön formulierten Feststellungen:

> Der Worte Wunden bluten heute nur nach innen.
> Die Zeit der Wunder schwand. Die Jahre sind vertan.

So war die Lyrik, die der Umsiedler Hermlin mitbrachte, für die
Kulturpolitiker der Zone wenig brauchbar und ziemlich suspekt. Die
Zweiundzwanzig Balladen erschienen 1947 zwar in Ostberlin, wurden jedoch nicht mit einem sowjetzonalen, sondern mit einem westdeutschen Literaturpreis bedacht. Vielversprechend schien freilich für
die Kulturpolitiker Hermlins Ruf zu sein: »Drum gebt mir eine neue
Sprache!« Der Wunsch ließ sich erfüllen: Von kommunistischen Autoren erwartete man damals, daß sie sich die lyrische Sprache des

Johannes R. Becher zum Vorbild nahmen.

Indes hatte Hermlin in dieser Angelegenheit durchaus eigene Anschauungen. Von 1945 bis 1947 in Frankfurt ansässig, war er am dortigen Rundfunksender tätig, für den er eine Reihe von Buchbesprechungen verfaßt hatte. Sie erschienen – zusammen mit ähnlichen kleinen Arbeiten von Hans Mayer – Anfang 1947 in einem westdeutschen Verlag. In diesem Buch rühmte er unter anderem gerade jene Autoren, die in der DDR ignoriert oder bekämpft werden sollten: Kafka und Karl Kraus, Joyce und Eliot. Nach seiner Übersiedlung nach Ostberlin wird das Buch dort ebenfalls ediert, jedoch erweitert um *Bemerkungen zur Situation der zeitgenössischen Lyrik*. Hier äußert sich Hermlin über den repräsentativen kommunistischen Dichter:

»Tragisch ist der Fall eines der bedeutendsten Lyriker des heutigen Deutschlands, der Fall des Johannes R. Becher. Sein letzter Gedichtband (*Heimkehr*, Aufbau-Verlag, Berlin) beweist neuerlich, daß Becher in seiner von sehr ernsten politisch-ästhetischen Motiven bestimmten Erneuerung, die er seit etwa fünfzehn Jahren unternommen hat, über jedes mit seiner hohen dichterischen Begabung verträgliche Ziel hinausgeschossen ist. Dieser Fall ist sehr kompliziert und erfordert eine gründliche Auseinandersetzung. Es liegt aber unleugbar der Beweis vor, daß die Bemühung um einen neuen Realismus hier die Substanz und Eigengesetzlichkeit des Lyrischen zerstört hat: Becher ist in neo-klassizistischer Glätte und konventioneller Verseschmiederei gelandet. Er hat eine politisch richtig gestellte Aufgabe mit dichterischen Mitteln falsch gelöst.«[2]

Hermlin, der übrigens dieses Urteil ein Jahrzehnt später demütig widerrief[3], hat damit die Gefahr bezeichnet, die ihn selber bedrohte. Denn er stand vor einem ähnlichen Dilemma wie Becher in den zwanziger Jahren. Einerseits mußte er für seine politische Dichtung eine den Massen des Volkes verständliche, klare und einfache Sprache finden (dies nennt er »die Bemühung um einen neuen Realismus«), andererseits wollte er nicht der Modernität verlustig gehen, dem Primitivismus verfallen und am Ende »die Substanz und Eigengesetzlichkeit des Lyrischen« zerstören. Die Ergebnisse dieser Bemühungen sind vor allem in dem Band *Der Flug der Taube* (1952) zusammengefaßt.

Es wäre falsch, anzunehmen, die kulturpolitischen Forderungen, deren Berechtigung Hermlin freiwillig anerkannte, hätten auf seine Dichtung nur einen ungünstigen Einfluß ausgeübt. Manche dieser Verse, geschrieben Ende der vierziger und Anfang der fünfziger Jahre, beweisen, daß es ihm gelungen war, verschiedene Extravaganzen der frühen Balladen und ihre bisweilen ausgeklügelte, krampfhaft-ambitionierte Metaphorik zu überwinden. Hier und da wirkt seine Diktion strenger und disziplinierter und hat an Natürlichkeit und Anschaulichkeit gewonnen.

Zugleich ist aber zu den vielen literarischen Vorbildern, die sich in Hermlins Lyrik bemerkbar machten, nun auch die sowjetische Poesie hinzugekommen; die Hemmungen, die bisher seiner Neigung zum Feierlichen und Erhabenen doch Grenzen gesetzt hatten, werden vom patriotischen Enthusiasmus weggeschwemmt. Er wählt fast ausschließlich heroische Stoffe oder zumindest solche, die sich für eine heroisch-pathetische Behandlung eignen. So besingt er in zyklischen Gedichten die bolschewistische Oktoberrevolution von 1917 und die Verteidigung Leningrads im Zweiten Weltkrieg, Stalin und Pieck und die Heldentaten junger Kommunisten in Griechenland und Frankreich. Uneingeschränkt triumphiert das Monumentale. Das griechischen Partisanen gewidmete Poem *Epon* endet:

Wie einen Mantel haben den Tod sie sich um die Schulter geschlagen.
Sie trinken die Zukunft durstig, als sei sie schon da.
Schon überrollt sie der Strom von Schreien und Schüssen und Tagen,
Und ihr Schweigen erzählt die Legende Attika.

Ein Poem zu Ehren von Wilhelm Pieck hebt an:

Der Zeiten Vorhang schwankt im Winde der Gesichte.
Wer wartet auf das Stichwort in den schweren Falten?
Es raunt die Nacht von Stimmen, längst verhallten . . .
Wie ferner Tubaruf dröhnt die Geschichte,
Im Schritt der Straße enden die Legenden.

Der Tod, das Leitmotiv der früheren Lyrik Hermlins, kann in seiner Poesie aus der stalinistischen Zeit, die programmatisch optimistisch zu sein hat, nur eine untergeordnete Rolle spielen: An seine Stelle tritt als geheimnisvoll-erhabenes Motiv die Nacht. Das zyklische Gedicht *Aurora*, das beste Stück des Bandes *Der Flug der Taube*, beginnt:

> In dieser Nacht ist der Wind für immer umgeschlagen,
> Nichts konnte mehr so sein, wie es bisher gewesen war,
> Neu lasen sich die alten Bücher mit ihren Sagen,
> Das Verborgene lag offen, und das Unverständliche ward klar.

Und:

> Um dieser einen Nacht willen ward alle Musik geschrieben,
> Um dieser einen Nacht willen ward jeder neue Gedanke gedacht.
> Jedes Herz hatte in der Welt seine Heimat. Jeder Verlassene konnte
> lieben.
> Was immer geschehen war, geschah für diese Nacht.

Mannigfaltige Aufgaben kommen dem Nachtmotiv in Hermlins poetischem Universum zu: Die Nacht kann das Gute und das Böse symbolisieren, den Fortschritt und die Reaktion. Sie kann auch eine lediglich dekorative Aufgabe erfüllen. »Die Nacht hat die Taube verschlungen« – heißt es im Poem *Der Flug der Taube*. In der Dichtung *Die Jugend* wird behauptet: »Die Nacht weckt die Zukunft auf.« Im Stalin-Gedicht »änderte sich unmerklich die Architektur der Nacht«, im *Flug der Taube* triefen Tau und Nacht von den Schwingen der Titelheldin, in der *Jugend* »wächst ein Wald von Musik um das Gebirge der Nacht«, und im Pieck-Poem bildet die Nacht das Spalier für Fahnen, die wie Rosen blühen.

Hermlins Huldigungen an die sowjetischen Genossen erreichen in diesem Band ihren Höhepunkt. Alle poetischen Vergleiche und Umschreibungen, die die Dichter der DDR in jenen Jahren für die Sowjetunion zu finden bemüht waren, übertrumpfte er, indem er schlicht feststellte: »Wie die Sonne gehört sie jedem.« Das Stalin-Poem hat Hermlin in eine spätere Sammlung seiner Lyrik nicht mehr aufgenommen. Daher soll es in diesem Zusammenhang nicht zitiert sein. Es genügt, auf das Gedicht vom *Flug der Taube* hinzuweisen, in dem sich folgende Passage über Stalin findet:

Dann schritt vom Gebirg herab
Der Rufer, der Lehrer.
Aus den Toren der Klüfte
Trat er hervor, der Mann von Gori.
Er raffte den Vorhang der Nebel.
Quer über der Stirn
Stand ihm des Wasserfalls Regenbogen.

Für einen anderen Typ der Hermlinschen Lyrik dieser Jahre sind folgende Verse aus dem Gedicht *Der November ist die Heimat* charakteristisch:

Es stürmten die Kommunisten
Das Land, das Gebirge, die See.
Es nahmen die Rotgardisten
Die Fabrik, das Korn und den Klee.

So erwies es sich, daß die Synthese, die Hermlin anstrebte, sich nicht verwirklichen ließ. Er wollte ein subtiler Lyriker und zugleich ein revolutionärer Agitator, ein westlicher Ästhet und doch ein östlicher Barde sein. Er wollte das Volk beglücken – und sich dabei nicht beschmutzen, die Massen hinreißen – und doch einsam und vornehm bleiben. Er träumte von einer Rednertribüne in einer gigantischen Halle – und vom Turm aus edlem Elfenbein. Eine Synthese aus Hofmannsthal und Majakowski war wohl sein Ideal. Im Grunde ist er ein weicher Poet, der sich sehr männlich geben möchte, ein Mann der stillen Töne, der sich zwingt, zu schreien. Einst, 1942, schrieb er:

Wenn nichts mehr blieb als die Bitterkeit,
Kann die abschiedsmüde Hand
Jäh sich ballen zur Faust.

Die Bitterkeit und die abschiedsmüde Geste vermochte er bisweilen glaubhaft zu machen. Aber sein Schrei und die drohende Faust wirkten immer künstlich, theatralisch und krampfhaft. Man kann sich des Eindrucks nicht erwehren, daß er ein Dandy ist, der mit dem Parteiausweis kokettiert. Ernsthaft bemüht, Künstler und Kommunist gleichzeitig zu sein, mußte auch er – wie Becher – »in neo-klassizistischer Glätte und konventioneller Verseschmiederei« landen. Mit dem Band *Der Flug der Taube* war der Lyriker Stephan Hermlin in eine Sackgasse geraten.

Die Versuche auf dem Gebiet der Prosa, sieben Erzählungen zumal, runden das Bild dieses Schriftstellers ab, ohne ihm überraschend neue Züge hinzuzufügen. Er schreibt einen gepflegten und exquisiten Stil, dem man es anmerkt, daß der Autor Kleist und Büchner, Fontane, Thomas Mann und Kafka ebenso sorgfältig studiert hat wie Hemingway, Sartre und Camus. Über die Ausdrucksmittel der modernen Prosa braucht man ihn nicht aufzuklären. Auch seinen Freud kennt er gut. Hermlins psychologisches Einfühlungsvermögen ist beachtlich. Kein Zweifel: die vielen Rückblenden und Halluzinationen, die unmerklichen Übergänge von der Realität zum Traum, die eingeflochtenen Reflexionen und die retardierenden Einschübe, die knappen Hinweise auf die Atmosphäre und die psychologischen Details – das alles zeugt von einem großen Können.

Dennoch hinterlassen diese Geschichten zumindest ein deutliches Unbehagen. Nicht in politischen, sondern in ästhetischen Kategorien ist die Ursache zu sehen. Denn nicht dem Kommunismus kann Hermlins Diktion zur Last gelegt werden. Jede Phrase hat bei diesem Erzähler das ihr zukommende Gewicht, jedes Wort und jeder Ton üben die ihnen zugedachten Funktionen aus. Nichts in dieser Prosa scheint zufällig, aber auch nichts unmittelbar, natürlich oder spontan zu sein. Unverkennbar ist der Ehrgeiz des Verfassers, der sich immer wieder um ein originelles Bild bemüht, um eine wohlklingende Kadenz, um erlesene Ausdrucksweise.

Wie in Hermlins Lyrik wird auch hier alles konsequent stilisiert und poetisiert: die Sprache und die Atmosphäre, die Figuren und die Aktionen. An hochdramatischen Begegnungen fehlt es nicht, Schauplätze der Handlung sind meist Gefängnisse und Konzentrationslager, die Helden müssen Qualen erleiden und schweben unentwegt in größter Lebensgefahr. Dennoch wirken die Geschichten kalt, ihnen haftet immer etwas Steriles an. Sie vermögen hier und da zu interessieren, aber nie eigentlich zu bewegen oder zu ergreifen. Es ist letztlich die fatale Mischung aus Kunst und Kunstgewerbe, die diese Prosastükke trotz mancher guter Abschnitte so zweifelhaft erscheinen läßt.

Alle diese Eigentümlichkeiten sind schon in seiner ersten Erzählung – *Der Leutnant Yorck von Wartenburg* (1946) – unverkennbar, deren Handlung kurz nach den Ereignissen vom 20. Juli 1944 spielt. Wieder fällt hier Hermlins Sehnsucht nach dem Aristokratischen auf. Es geht sehr vornehm zu: »Der Freiherr trat ein, gefolgt von dem Diener, der die Tafel gerichtet hatte.« Ein Setter streicht um die Knie des Leutnants, es gibt einen »schwarzen Stutzflügel« und Kerzen, die »trübe und drohend brannten«. Yorcks Verlobte, die kaum zwanzigjährige Anna, »war von süßer und schwacher Schönheit«. Das Dezente wird bevorzugt: »Als einige Stunden darauf – es dämmerte schon – Anna bei ihm eintrat, schritt er ihr schnell entgegen, um sie von seiner Abreise zu unterrichten. Aber sie neigte das Haupt zum Zeichen, daß sie bereits wisse.« Und etwas später: »Er drückte sie sanft auf den Sitz nieder, von dem sie sich erhoben hatte, dann kehrte er ans offene Fenster zurück ... Auf den golden strömenden Abend schauend, fühlte er eine starke, verzichtende Ruhe in sich, und sein rückwärts über die Schulter gewendetes Antlitz suchte die Wälder ... Verse gingen ihm durch den Sinn ...«

Der Leutnant Yorck von Wartenburg ist indes eine vornehmlich politische Geschichte. Eine kühne Idee liegt ihr zugrunde: Zwischen der Verschwörung vom 20. Juli und Moskau wird ein unmittelbarer Zusammenhang hergestellt. Wir haben es hier mit einer begreiflichen Wunschvorstellung des emigrierten Kommunisten zu tun – die Erzählung ist Anfang 1945 in der Schweiz entstanden –, der in der größten deutschen Widerstandsaktion gegen Hitler gern das Werk seiner Genossen vermuten wollte. Der Umstand, daß für eine solche Vision auch nicht der geringste reale Anhaltspunkt vorhanden war, konnte Hermlin offenbar nicht stören, hatte jedoch Einfluß auf die Form seiner Erzählung. Der Wunschtraum des Verfassers wird als Halluzination des Helden geboten: Der zum Tode verurteilte Leutnant träumt im letzten Augenblick seines Lebens, er sei »in das große Land entkommen, in dem man alles ganz verstanden hatte: Ehre, Treue, Pflicht, Heimat« – womit natürlich die Sowjetunion gemeint ist.

1954 erschien in der DDR eine Neuausgabe des *Yorck von Warten-*

burg. Sie unterscheidet sich von der ursprünglichen insofern, als einerseits der in der Ausgabe von 1946 noch enthaltene nachdrückliche Vermerk des Autors, »diese Erzählung (sei) von einer Novelle des Amerikaners Ambrose Bierce angeregt« worden, weggefallen ist, obwohl sich doch in der Zwischenzeit der Tatbestand kaum verändert haben kann, während andererseits ein politisches Nachwort hinzugefügt wurde, in dem Hermlin seine einstigen Illusionen korrigiert und nunmehr erklärt: »Der Generalsputsch vom 20. Juli 1944, der so elend endete, wie er unzulänglich geplant war, stellte den Versuch dar, ... die gemeinsame Front der Alliierten zu sprengen, unter neuen Fahnen die Aggression gegen den Osten – und den Westen – fortzusetzen.« Und: »Der Verfasser erzählt einen Traum ... Er erzählt nicht von deutscher Geschichte, sondern von einer deutschen Möglichkeit.«

Dies gilt für alle epischen Arbeiten Hermlins: Zeit und Ort der Handlung lassen sich zwar meist exakt feststellen, doch sind die Welten, in denen sich diese Geschichten abspielen, erfunden. Im Grunde ist er auch nicht bemüht, einer bestehenden Wirklichkeit gerecht zu werden, vielmehr will er – wie im *Yorck von Wartenburg* – seine Visionen verdeutlichen, die sich immer als Wunschträume oder Angstvorstellungen entpuppen. Nicht mit Gegebenheiten befaßt er sich, sondern mit Möglichkeiten. Der Realität sind für diese Schöpfungen der Einbildungskraft lediglich einzelne Elemente entnommen, die als Requisiten und Versatzstücke für ein mehr oder weniger überzeugendes poetisches oder pseudopoetisches Universum dienen.

Die nächsten Erzählungen genügen höheren sprachlichen Ansprüchen als der epische Erstling – so die *Reise eines Malers in Paris* (1947), die den starken Einfluß Kafkas verrät. Der hier im Mittelpunkt stehende deutsche Emigrant sieht sich in Paris mit geheimnisvollen und undurchschaubaren Mächten konfrontiert. In sein Zimmer sind während seiner Abwesenheit viele Unbekannte eingedrungen: »War er denn hier noch zu Hause? Er sagte sich immer wieder, daß er keine Angst habe, aber dann mußte er doch daran denken, daß die Fremden plötzlich auf ihn losgehen und ihn aus dem Fenster stürzen könnten.« In politischen Kategorien lassen sich diese mysteriösen Mächte nicht erfassen: »Er hatte seit Tagen keine Zeitung mehr in der Hand gehabt. Aber vor wem sollte er sich hüten? Was ihn bedrohte, war vielleicht in keiner Zeitungsspalte der Welt zu finden.«

Auf einer imaginären Reise gelangt er zunächst nach Barcelona
während des Spanischen Bürgerkriegs: »In ungeheurer Feindseligkeit
schwieg die leere Straße um ihn ... In der Ohnmacht des Alpdrucks
sah der Maler, wie durch zahllose Lichtjahre von ihm getrennt, das
Ende eines verwandten, gänzlich unbekannten Universums.« Die
zweite Station der Reise ist ein französisches Internierungslager, das in
einer gespenstisch-unheimlichen Stadtlandschaft liegt: »Das ohnmäch-
tig-weiche Schleifen und Flüstern der Schatten begann von neuem ...
Wie ein Ertrinkender fühlte er gleitende Wasser zwischen seinen
Lidern und einer Wirklichkeit, deren Abbild sein vergehendes Bewußtsein nur gebrochen erreichte.«

In der dritten Vision schließlich sieht sich der Maler im kommuni-
stisch besetzten Teil Chinas, wo er zwar freundlich aufgenommen
wird, jedoch ebenfalls keine Erlösung finden kann: »Auch in Yenan
hatte er nicht bleiben dürfen, das bedroht war wie die unbekannte
Welt, wie Paris.« Im Fazit heißt es, auf den Helden habe sich »tiefe
Müdigkeit« gesenkt. Alpdruck und Bedrohung, Ohnmacht und Müdigkeit sind die Schlüsselworte dieser Geschichte, die mit moderner
westeuropäischer Prosa weit mehr gemein hat als mit der Literatur
jenseits der Elbe.

Gegen beide Erzählungen wurden in der Zone ernsthafte Bedenken
geäußert: Man warf dem Autor vor, er bediene sich surrealistischer
Mittel und zeige lediglich passive Helden. Hermlins bereits nach der
Übersiedlung entstandener Erzählungsband *Die Zeit der Gemeinsamkeit* (1949) ist, ähnlich der späteren Gedichtsammlung *Der Flug der
Taube*, ein Buch des Kompromisses. Hermlin will den Forderungen
des Sozialistischen Realismus nachkommen, andererseits aber doch
eine Prosa bieten, die – wie manche literarischen Leistungen französischer Kommunisten, denen er offenkundig nacheifert – formalen und
intellektuellen Ansprüchen genügen und als modern gelten könnte.

Charakteristisch ist in dieser Beziehung ebenso die originelle Geschichte mit dem Titel *Arkadien*, in der Hermlin von der Hinrichtung
eines Verräters der französischen Widerstandsbewegung erzählt, wie
auch – in noch stärkerem Maße – *Die Zeit der Einsamkeit*, deren
Stimmung zuweilen an die *Reise eines Malers in Paris* erinnert. Das
Schicksal eines nach Frankreich emigrierten deutschen Ehepaars namens Neubert wird hier in einigen distanziert gezeichneten Bildern

und spröden Visionen gezeigt: »Es war, als seien beide durch Kilometer getrennt oder als sprächen sie mit sich selbst. Neubert hatte eigentlich Angst. Und das, was er in Magdas Augen sah, schien ihm gerade die gleiche Angst zu sein.« Er gewahrt im Gesicht seiner Frau »die Furcht, die Entfremdung, die Vereinsamung«.

Diesmal wird jedoch der passive Held am Ende aktiv. Ein Franzose, Beamter des Pétain-Regimes, vergewaltigt Neuberts Frau, die an den Folgen der Abtreibung stirbt. Der deutsche Emigrant erschlägt den Missetäter. Zugleich ergibt sich aus dem privaten Geschehen eine politische Nutzanwendung: Der allein gebliebene und von der Polizei gesuchte Held beschließt, das ihm nunmehr verhaßte Pétain-Regime zu bekämpfen – in den Reihen der Kommunistischen Partei.

Als Hermlins episches Hauptwerk gilt die Titelgeschichte dieses Bandes, die den Aufstand im Warschauer Getto behandelt. In einer längeren Introduktion, in der sich abermals Hermlins sprachliche Begabung dokumentiert, gibt er seine Eindrücke von einem Aufenthalt in Warschau im Jahre 1949 wieder, die er mit einigen Reflexionen verknüpft. Den Hauptteil der Erzählung bilden hingegen fiktive Aufzeichnungen eines Getto-Kämpfers, die zunächst die Form eines Briefes haben, dann in eine Art Tagebuch übergehen und schließlich auch eindeutig epische Elemente aufweisen. Dieser Ich-Erzähler hat während der Kampfhandlungen im Getto Zeit, sich in wohlabgemessenen Sätzen Gedanken über das Verhältnis von Leben und Kunst und auch über die Form seiner Aufzeichnungen zu machen.

Manche Kapitel der Erzählung sind erschütternd, aber die Wirkung entspringt vor allem dem Stoff und wird durch die stilistische Bemühung des Verfassers eher beeinträchtigt als gesteigert. Während eine schlichte und nüchterne Diktion den historischen Ereignissen am ehesten gerecht werden könnte, steht Hermlins prätentiöser Duktus in peinlichem Widerspruch zum Gegenstand der Erzählung. Wenn er sagen will, daß unterirdische Verstecke gebaut werden, heißt es: »Das Getto wühlte sich wie ein geblendetes Tier in den Boden.« Die Kampfhandlungen haben begonnen: »Was immer auch geschehen würde, wie bald auch die Gewehre, die sie zur Strecke gebracht haben, schweigen müßten – das Bild der getöteten SS-Männer würde über den Straßen stehen wie die Initiale vor dem ersten Kapitel einer aufgeschlagenen Chronik.«

Die meisten Fakten, die angeführt werden, sind authentisch, aber die Atmosphäre hat mit der Wirklichkeit nichts gemein, denn wieder glaubt Hermlin, das Leben poetisieren zu müssen: »Die Toten, die dem Hunger erlagen, ... tragen die strengen, wie von kalter Flamme geprägten Züge der Märtyrer eines primitiven Meisters. Und sind nicht auch die Trupps, die die Leichen auf Karren sammeln, aus dem Mittelalter aufgetaucht, geradenwegs zu uns getaucht aus der Zeit des schwarzen Todes ...« Gegen Ende werden noch als nicht sehr wählerische Kontrastmotive Erinnerungen des Ich-Erzählers an idyllische Vorkriegsaufenthalte in Paris und London eingeflochten, denen eine sentimentale Deutschland-Vision mit Bildungsreminiszenzen folgt.

Während sich jedoch der Verfasser offenbar einige Mühe gemacht hat, den Stoff formal zu bewältigen, was ihm freilich versagt blieb, hat ihm seine politische Adaptation offenbar keine Schwierigkeiten bereitet. Entgegen der historischen Wahrheit[4] sind es in dieser poetischen Vision die Kommunisten, die den Aufstand organisieren und leiten. Als Kuriosum sei vermerkt, daß in Hermlins Vorstellung die Kämpfer im Warschauer Getto während des Aufstands genug Muße hatten, um einem Vortrag ihres Kommandanten über Lenins Schriften zu lauschen.

Auch in der Geschichte *Der Weg der Bolschewiki*, dem propagandistischen Höhepunkt der Sammlung, kann Hermlin trotz des grausigen Themas der unfreiwilligen Komik nicht entgehen. Hier hat ein sterbender sowjetischer Offizier, der in einem deutschen Konzentrationslager gefoltert wird, keine anderen Sorgen als die Erörterung der Frage, warum er eigentlich nicht der Kommunistischen Partei beigetreten sei. Aber es beruhigt ihn die Versicherung seines Leidensgefährten, daß dieser, sollte er den Krieg überleben, für ihn den entsprechenden Antrag stellen werde, woraus hervorgeht, daß nach Hermlins Ansicht auch Tote in die Kommunistische Partei aufgenommen werden können. Und die pädagogische Schlußpointe: Unter dem Eindruck der gelungenen Flucht einiger sowjetischer Kriegsgefangener beschließt ein deutscher Kommunist, der sich in diesem Lager befindet, für die Häftlinge einen geheimen Kursus der Geschichte des Kommunismus zu organisieren.

Nachdem Hermlin mit der Erzählung *Der Weg der Bolschewiki* bei jener heroisch-pathetischen Glorifizierung angelangt war, die auch für

die meisten Gedichte des Bandes *Der Flug der Taube* charakteristisch
ist, hielt er es immerhin für ratsam, sich im Bereich der Prosa mehrere
Jahre lang auf essayistische und publizistische Formen zu beschränken. Erwähnt sei jedoch, daß in der *Ersten Reihe* (1951), einem für die
Jugend bestimmten Band prägnanter Lebensbilder deutscher Widerstandskämpfer, einige effektvoll geschriebene Miniaturen auffallen, die
mehr als Stilübungen sind. Eine Geschichte hat Hermlin erst Ende
1954 wieder veröffentlicht: Der kurzen, nur in einer Zeitschrift ge-
druckten Arbeit mit dem Titel *Die Kommandeuse*[5] war mit Recht ein
ungewöhnlich starkes Echo beschieden. Handelt es sich doch um eines
der kühnsten Prosastücke, das in der DDR geschrieben wurde.

Obwohl der 17. Juni 1953 ein für kommunistische Autoren wenig
dankbares Thema ist, leuchtet es ein, daß es das artistische Temperament des Stephan Hermlin anzuregen vermochte. Erfahren in der
visionären Umdeutung historischer Ereignisse, zumal verschiedener
Aufstände, sah er hier für sich eine reizvolle schriftstellerische Aufgabe. Wenn in seiner Epik die Männer des 20. Juli im Einvernehmen mit
Moskau und die Aufständischen im Getto unter Führung von Kommunisten kämpfen konnten, dann konnten es schließlich auch unver-
besserliche nationalsozialistische Verbrecher gewesen sein, die am 17.
Juni gegen den Arbeiter- und Bauernstaat rebellierten.

Allerdings galt es in diesem Fall, besondere Schwierigkeiten zu
meistern, auf die der Schriftsteller in der Welt jenseits der Elbe immer
dann stößt, wenn politische Verhältnisse in der Heimat und in der
unmittelbaren Gegenwart behandelt werden sollen. Das wäre noch
nicht so heikel, könnte sich die dortige Literatur auf die Anklage des
Klassenfeinds im eigenen Haus konzentrieren. Walter Jens schreibt:
»Auch der christliche Autor zeichnet nun einmal, zu der Höheren
Leid, die Teufelsfratze mit Inbrunst und vehementer Brisanz, während
er sich vor Gottes Antlitz nur demütig-wortlos verneigt. Ob Bernanos
oder Brecht: man hält sich an den Schatten, um das Licht zu beweisen.«[6]

Auf diese Methode, die der Sozialistische Realismus in der Regel
nicht duldet, glaubte Hermlin jetzt ausnahmsweise zurückgreifen zu
dürfen. Er erzählt also von einer ehemaligen SS-Kommandeuse, die im
Zuchthaus einer DDR-Großstadt fünfzehn Jahre wegen Verbrechen
gegen die Menschlichkeit abzusitzen hat, am 17. Juni von den Aufstän-

dischen befreit wird und in deren Auftrag auf einer Kundgebung als angebliche Vertreterin der politischen Gefangenen eine Ansprache hält. Am Ende dieser Kundgebung – »weit hinten hatten ein paar Leute das Horst-Wessel-Lied angestimmt« – tauchen jedoch »zwei junge Leute in Trenchcoats« auf, die die entlaufene Kommandeuse verhaften. Sie wird zum Tode verurteilt.

Das ist – alles in allem – eine gut komponierte, straff geschriebene Kurzgeschichte mit vielen vortrefflich beobachteten Details, zumal psychologischer Natur. Wir sehen die Vorgänge fast ausschließlich aus der Perspektive der Heldin, die durch die unerwartete Veränderung ihrer Lage betäubt ist und – wie auch ihre Vorgänger in der Hermlinschen Epik – von Halluzinationen heimgesucht wird; sie läßt sich »in einem Strom von Vorstellungen und unhörbaren Verwünschungen treiben«. Indes hat sich niemand über die literarischen Vorzüge dieses kleinen Prosastücks Gedanken machen wollen, da der politische Inhalt die ganze Aufmerksamkeit für sich in Anspruch nahm. Im Westen empfand man die Geschichte – soweit sie überhaupt bekannt wurde – als ungeheuerliche und schamlose Entstellung der wirklichen Ereignisse, zu der immerhin kein anderer namhafter Schriftsteller der DDR bereit war.

Aber auch in der SED war die Entrüstung groß. Man hatte dort für Hermlins indirekte Darstellung der Vorfälle kein Verständnis und beanstandete, daß er es unterlassen habe, die positiven Kräfte zu zeigen. Im Organ des Schriftstellerverbandes der DDR warf man ihm sogar vor, seine Analyse des Seelenlebens einer SS-Kommandeuse könne fast Mitleid mit ihr erregen.[7] Kein Zweifel, ein absurder Vorwurf, in dem jedoch insofern ein Körnchen Wahrheit steckt, als die von Hermlin gezeichnete Verbrecherin eher eine glaubhafte Gestalt ist als die kommunistischen Heroen in manchen seiner früheren Arbeiten.

Nach dieser von allen Seiten abgelehnten Geschichte sieht Hermlin keine Möglichkeit mehr, sein künstlerisches Werk fortzusetzen. Er sammelt seine *Dichtungen* (1956) und seine *Nachdichtungen* (1957); wie Bredel, Uhse und Kuba schreibt auch er rasch die obligate China-Reportage (*Ferne Nähe*, 1954). Er veröffentlicht, meist aus aktuellen Anlässen, eine Anzahl von Aufsätzen und Artikeln, die freilich gegen Ende der fünfziger Jahre nur noch sporadisch erscheinen (*Begegnungen*, 1960).

»In den Zeiten der äußersten Zuspitzung des gesellschaftlichen Kampfes« – tröstet sich Hermlin in einer *Rede über Mickiewicz* – »hat die Dichtung keine andere Wahl als sich entweder, für das zum Absterben Verurteilte Partei nehmend, zu prostituieren oder, auf der Seite des Fortschritts, ihre eigentliche Domäne einzuschränken.«[8] So überflüssig es scheint, gegen eine derartige, haarsträubend primitive Entweder-Oder-Formel zu polemisieren, so aufschlußreich ist doch das hier angedeutete persönliche Bekenntnis. Hermlin hatte sich entschlossen, den sich aus »der äußersten Zuspitzung des gesellschaftlichen Kampfes« ergebenden politischen Erfordernissen gerecht zu werden und daher freiwillig die »eigentliche Domäne« der Dichtung »einzuschränken«. Der Künstler war zu einem Kompromiß bereit, aber nicht zur bedingungslosen Kapitulation. Als sich herausstellte, daß die Partei gerade dies von ihm verlangte, sah er sich gezwungen, ins Schweigen zu fliehen.

Nur gelegentlich versucht er, den Bereich der Dichtung mit publizistischen Mitteln zu verteidigen. Er beruft sich dabei mit Vorliebe auf jene, die einst Kunst und Kommunismus, zumindest zeitweise, zu vereinigen wußten. Er erinnert an Majakowski, der sich der Forderung, die Poesie müsse für die Massen des Volkes verständlich sein, widersetzte und der meinte: »Die Kunst ist nicht von ihrer Geburt an eine Kunst für die Massen ... Je höher die Qualität des Buches ist, desto weiter ist es den Ereignissen voraus.«[9]

Als sich Hermlin Ende 1962 öffentlich junger Lyriker der DDR annahm und dabei nicht nur politische Kriterien berücksichtigte, hielten es die Kulturfunktionäre für notwendig, gegen ihn einzuschreiten. Auf einer Beratung des Politbüros des Zentralkomitees und des Präsidiums des Ministerrates mit Schriftstellern und Künstlern im März 1963 erklärte er: »Vor etwa zwei Jahren wählte mich meine Sektion in der Deutschen Akademie der Künste zu ihrem Sekretär. Jetzt berief mich die Parteigruppe der Akademie und anschließend die Sektion von dieser Arbeit ab. Diese Entscheidung war richtig, und ich stimmte mit allen anderen für sie. Ich war nicht der richtige Mann am richtigen Platz ... Ich versuchte uns, die Sektion, in besseren Kontakt mit jungen Schriftstellern zu bringen, aber ich beging gleichzeitig eine Reihe von Fehlern ... Das hängt wohl damit zusammen, daß ich Dichtung und Kunst, die mein Leben fast ausfüllen, oft unabhängig von Zeit und Ort betrachte, da und wo sie sich äußern. Ich erkenne das als einen Fehler an; aber ich weiß auch, daß ich vor der Wiederholung dieses Fehlers nicht gefeit bin.«[10]

Man muß wohl den Ritus der kommunistischen Selbstkritik kennen, um die Ungeheuerlichkeit dieser Erklärung ermessen zu können: Hermlin bezichtigte sich schwerer politischer Fehler, deren Ursache er in seiner prinzipiellen, mit der Kunsttheorie der Partei im Widerspruch stehenden Einstellung zur Dichtung sah. Aber er weigerte sich, diese Einstellung zu ändern, und warnte daher vor der Wiederholung seiner Fehler.

Mag auch die Selbstkritik mit dem üblichen Treuebekenntnis schließen – Hermlins Weigerung und Warnung entspringen einer tiefen Einsicht in das Wesen ebenso der Kunst wie der kommunistischen Kulturpolitik. Ob sich aus dieser Einsicht Folgen für sein weiteres künstlerisches Werk ergeben werden, bleibt abzuwarten. Die organisatorischen Konsequenzen ließen freilich nicht auf sich warten: Auf der Zentralen Delegiertenkonferenz des Schriftstellerverbandes der DDR Anfang Juni 1963 wurde Stephan Hermlin in den Vorstand dieser Organisation, dem er seit seiner Übersiedlung nach der DDR angehört hat, nicht mehr gewählt.

In einem seiner frühesten Gedichte, den *Toten Städten*, datiert 1940/41, heißt es:

Verlassen von Blumen und Tieren
Schlägt um uns das Meer
Des Schweigens. Und wir frieren
Und ängstigen uns sehr.

(1963)

Der treue Dichter seiner Herrn
Franz Fühmann

Im Kriegsgefangenenlager wurde er gefragt, ob er Mitglied der NSDAP oder einer ihrer Gliederungen gewesen sei. »Ich hob den Kopf und sagte laut: ›Ja, ich war in der SA!‹«[1] – Hiermit ist bereits auf den wohl wichtigsten Schlüssel zum Verständnis des Schriftstellers Franz Fühmann hingewiesen.

Er wurde 1922 in einer böhmischen Kleinstadt als Sohn eines Apothekers geboren. Aufgewachsen sei er – wird von ihm berichtet – in einer Atmosphäre »von Kleinbürgertum und Faschismus«. Als Gymnasialschüler bewunderte er Hitler. Er liebte, er vergötterte ihn. Stolz trug er die braune Uniform. Am 1. September 1939 meldete er sich spontan zur Wehrmacht. Aber erst später wurde er eingezogen. Er war lange und an vielen Fronten Soldat, in Rußland vor allem und in Griechenland. Den 9. Mai 1945 erlebte er in seinem heimatlichen Bezirk. Von einem einzigen Gedanken war er damals besessen: »Weiter, nur weiter, nur von den Russen weg!« Es ist ihm nicht gelungen: »Ich war westwärts gelaufen, die Richtung hatte gestimmt, doch nun waren die Russen auch schon im Westen; der Weg in die Freiheit war zugekeilt!«[2]

Die nächsten vier Jahre verbrachte er in sowjetischen Kriegsgefangenenlagern. Im Herbst 1947 wurde ihm ein Vorschlag gemacht: »Ich hatte in unserer Baracke im Waldlager immer die Kriegsgefangenenzeitung vorgelesen, eine Tätigkeit, die, was ich nicht wußte, in der Sowjetunion einem eigens dafür eingesetzten Politagitator zukam, und so hatte mich zu meiner Verblüffung der Politoffizier unseres Lagers eines Tages gefragt, ob ich gewillt sei, einen Lehrgang an einer Antifaschule mitzumachen.«[3] Er war, wenn auch ohne Enthusiasmus, bereit, die antifaschistische Schule zu besuchen. Damit hatte sich das Schicksal des Schriftstellers Fühmann entschieden.

Einst sah er einen Sinn seines Lebens. Er glaubte an Ideale. Er hatte eine Aufgabe, die zu erfüllen war. 1945 war seine Welt zusammengebrochen. Dem enttäuschten und betrogenen, dem verbitterten und verzweifelten jungen Mann bot der Lehrgang der »Antifaschule« etwas, worauf er nicht mehr zu hoffen wagte, wonach er sich aber im

Grunde gesehnt haben mußte: neue Ideale. Mit gefühlvoll-dunklen, mystisch verbrämten Worten hatte man ihn einst verführt: mit Blut und Boden, Erbgut und Rasse, Volksgemeinschaft und Lebensraum, Führerprinzip und Herrenvolk. Hier indes wurde nicht geraunt und nicht beschworen, sondern deduziert und argumentiert. Das Vokabular, das er jetzt zu hören bekam, war sachlich, nüchtern und trocken. Solche Begriffe wie »Materialismus« und »Klassenkampf«, »Produktionsmittel« und »Mehrwert«, »Kapitalismus« und »Diktatur des Proletariats« ließen sich wissenschaftlich exakt definieren.

Die makellose Klarheit und Logik der Lehre, die hier dargelegt wurde, faszinierte den jungen Kriegsgefangenen. Übertreibt man, wenn man von einer Offenbarung spricht »... und ... und als ich dann die ersten Lektionen über politische Ökonomie gehört hatte, war es mir wie Schuppen von den Augen gefallen: Hier war ja die Antwort auf all die Fragen, die mich immer bewegten ...«[4] Auf einmal gab es keine Rätsel mehr, alle Phänomene standen in einem kausalen Zusammenhang, die Vergangenheit ließ sich erklären, die Zukunft voraussehen. Wie ein Ertrinkender nach einem ihm hingeworfenen Rettungsring greift, so klammerte sich Fühmann an den Marxismus. Später bekannte er: »... daß mir erst beim Studium des Marxismus die Stationen meines Lebens bewußt geworden waren und daß die Kriegsgefangenschaft für mich die Sinngebung meiner Existenz bedeutete.«[5]

Dank der neuen Heilslehre konnte er den einst in den Reihen des Nationalsozialismus begonnenen Kampf fortsetzen – unter anderen Vorzeichen, auf anderer Ebene und mit anderer Zielsetzung. Wieder sah er eine Aufgabe, die zu erfüllen war, aber größer und herrlicher als jede andere – denn die neue Heilslehre prophezeite und versprach die auf wissenschaftlichen Erkenntnissen basierende Neuordnung und Erlösung nicht nur Deutschlands, sondern der ganzen Menschheit. Der noch gestern die Uniform der SA getragen, konnte heute das beglückende Gefühl der Zugehörigkeit zu einer weltweiten Bewegung ahnen, welche die revolutionäre Romantik mit einem philosophischen System verband und den uralten Traum von der gerechten Gesellschaft zu verwirklichen im Begriff war. Natürlich: um ganz in den Genuß dieses Gefühls zu kommen, mußte Fühmann zunächst einmal dem Zwang der Kriegsgefangenschaft entrinnen. Die Gründung der Deutschen Demokratischen Republik im Herbst 1949 schuf die Voraussetzungen hierzu, denn jetzt wurden alle diejenigen Gefangenen rasch entlassen, deren fortschrittliche Anschauungen eine tatkräftige Beteiligung am Bau des ersten deutschen Staates der Arbeiter und Bauern erhoffen ließen. Im Dezember 1949 kam Fühmann nach Deutschland.

Seine ersten Gedichte waren 1942 in der Lyrik-Reihe eines Hamburger Verlages erschienen. Nun wurden, bald nach seiner Rückkehr, seine neuen poetischen Versuche gedruckt – in der Monatsschrift *Aufbau*, dem damals repräsentativen literarischen Organ der DDR. Es folgten viele weitere Veröffentlichungen und 1953 die erste Sammlung: *Die Nelke Nikos.*

In diesen Gedichten zeigte sich Fühmann als Todfeind des Nationalsozialismus, als Anhänger der Sowjetunion und Patriot der DDR, als Bewunderer des Marxismus und Sachwalter des Weltproletariats. Er lieferte eben jene Propagandastrophen, die von ihm, dem Absolventen der »Antifaschule«, erwartet wurden. Allein, ich glaube nicht, daß er sie nur deshalb verfaßt hatte, um der Gunst des Regimes teilhaftig zu werden und sich die literarische Karriere zu erleichtern. Es waren ehrliche Verse, aus denen Trauer, Schuldbewußtsein und Klage sprachen. Fühmann schrieb mit dem Eifer des Neophyten – aber er wollte sich wirklich bewähren. Er dichtete mit der Inbrunst des betrogenen Liebenden, der erlöst aufatmete, weil er für seine Gefühle wieder ein Objekt gefunden hatte – aber er liebte es wirklich.

Allerdings verdankte er der »Antifaschule« zwar neue Gedanken, hingegen keine neue poetische Sprache. Daher drückte er seine Empfindungen und Ideen zunächst in der Sprache von gestern aus:

Nimm unsre Hände, Deutschland, Vaterland, nimm das
glühende Herz voll Liebe und Haß, vernimm die
Stimme unbändigen Willens: Ja wir
kommen zu schaffen, zu kämpfen, zu tragen dich
Deutschland, Land unsrer Liebe, durchs Reifen der Zeit.
. . . . . .
Und wir bringen dir, heiliges, anderes Deutschland
unsere Leben als Quader zum Bau deiner Zukunft.

In einem Lied mit dem Titel *Auftakt* heißt es:

Rauschen die Blätter der Birken,
rauschen die Blätter im Buch.
In den gewaltigen Winden
rauscht unser Fahnentuch.

Und in einem Poem *Aufbau-Sonntag*:

Lieder singen vom Kampf und vom Sieg:
Wir baun das Deutschland von morgen!

Viele dieser Gedichte Fühmanns aus den frühen fünfziger Jahren
zeugen von seinem gewiß aufrichtigen Wunsch, sich einzureihen und
sich anzuschließen, von seiner abermaligen Bereitschaft zur Unterordnung und zur Gefolgschaft. Er ruft:

Formt jetzt vor uns die Züge
deutscher Erneuerung.

Das Gedicht *Porträt eines Angehörigen der FDJ* schließt er mit den
Worten:

Wir begreifen es selbst nicht, wenn wir ein Planjahr des Lebens
schon in Wochen vollziehen – doch warum auch begreifen –

wir tun es!

Das alles, »die Stimme des unbändigen Willens«, das in »gewaltigen
Winden« rauschende Fahnentuch, die Lieder »vom Kampf und vom
Sieg«, die »Züge deutscher Erneuerung« und schließlich die rührende
Versicherung, es sei überflüssig, zu begreifen, was man tut – das alles
ist, schlicht gesagt, unverfälschte NS-Lyrik aus der Feder eines Mannes, der mit dem Nationalsozialismus nichts mehr zu tun haben wollte
und ihn – kein Zweifel kann hier bestehen – zutiefst haßte. Man hatte
ihn in der »Antifaschule« nur »umfunktioniert«: Daher schrieb er
HJ-Gedichte mit FDJ-Vorzeichen.

Fühmann vermochte diese Ausgangspositionen seines Dichtens in
der DDR zu überwinden. Er hat mit der Zeit in der Lyrik wie in der
Prosa einen eigenen Ton gefunden, er gehört mit Recht zu den

führenden Schriftstellern der dortigen Welt. Unverändert blieb jedoch das grundsätzliche, gläubige Verhältnis zur DDR und zum Kommunismus, die disziplinierte Unterordnung. Er befolgt alle Wünsche und Anweisungen seiner Auftraggeber, und seine Arbeiten lassen so gut wie nie darauf schließen, daß er es nur widerwillig tut. Wie einst der begeisterte Rückkehrer aus der Kriegsgefangenschaft ist auch der reife und mehrfach preisgekrönte Dichter folgsam. Er hört nicht auf, der Propaganda der DDR zu dienen.

Vergeblich wird man in seinen Arbeiten die leisesten Anzeichen der Unzufriedenheit oder gar der Revolte finden. Die Skepsis ist seine Sache nicht. Als sich im »Tauwetter«-Jahr 1956 die literarische Opposition in der DDR regte, als eine Anzahl von Schriftstellern, zumal der jüngeren Generation, sich entschieden gegen die dogmatische Kulturpolitik wandte, veröffentlichte Fühmann in der Zeitschrift *Aufbau* das Gedicht *Narrenfreiheit . . .*, in dem er meinte:

Heut sind da sehr unabhäng'ge
Geister im Narrengewand,
die streben heraus aus der Enge
von Alltag und Vaterland,
hoch am Himmel, im Samte der Wolke
sehn sie der Freiheit Heim,
dort, ferne von ihrem Volke
verschwenden sie Rhythmus und Reim
den Weltgeist zu offenbaren
in einsamster Sinnesbrunst;
sie halten sich für die Nachfahren
der Narren, wenn sie für ihre Kunst
laut schrein nach der Freiheit, die ihnen
erlaubt, in Phantasmagorien
zu verleugnen das Denken, das Dienen,
der fordernden Zeit zu entfliehn.

Als Ende 1956 Wolfgang Harich und seine Freunde verhaftet wurden, war Fühmann mit einem Poem *Die Demagogen* zur Stelle, in dem er verkündete:

. . . .

und mit Geläute kommen
Maskierte, ein kleiner Zug,
mit Sprüchen, schönen, frommen,

. . . .

Das ist der Demagogen
Schar, die sich vorm Volke verneigt.

Als sich alle prominenten Autoren der DDR weigerten, die Verhältnisse in der DDR schönfärberisch darzustellen, als Anna Seghers es vorzog, eine Erzählung aus der Zeit der Französischen Revolution zu schreiben (*Das Licht auf dem Galgen*, 1961), als Willi Bredel sich mit der Vergangenheit seiner Heimatstadt Hamburg beschäftigte (*Unter Türmen und Masten*, 1960), als Bodo Uhse zum Schauplatz eines neuen Buches das ferne Mexiko wählte (*Sonntagsträumerei in der Alameda*, 1961), als Eduard Claudius es für angebracht hielt, mit Märchen und Erzählungen aus Syrien, Vietnam und Laos aufzuwarten (*Das Mädchen ›Sanfte Wolke‹*, 1962), als Stephan Hermlin vollkommen verstummte – da verfaßte Franz Fühmann eine große Reportage über eine Schiffswerft in Rostock (*Kabelkran und Blauer Peter*, 1961) und schilderte im selben Jahr in einem zweiten Buch (*Spuk*, 1961) den heroischen Alltag der Volkspolizei in der DDR. Seine Ehre schien wiederum Treue zu heißen.

Aber dieser Franz Fühmann, der vertrauensvoll seinen jeweiligen Führern zu folgen pflegt, hat Talent. Es wird in seiner Lyrik deutlich, in der man neben zunächst primitiven und später verkrampften Propagandastrophen auch Verse finden kann, die aufhorchen lassen. Sowohl der erwähnte Band *Die Nelke Nikos* als auch die spätere Sammlung *Aber die Schöpfung soll dauern* (1957) enthalten einige originelle Balladen, in denen Motive aus alten deutschen Märchen und Sagen auffallen. Fühmann ist bestrebt, diese Motive rationalistisch zu deuten und durch bisweilen überraschende Assoziationen in die Gegenwart einzubeziehen.

Die umfangreiche Dichtung *Die Fahrt nach Stalingrad* (1953), ein meist in freien Rhythmen geschriebener poetischer Bericht, schildert drei Begegnungen des Ich-Erzählers mit der Stadt Stalingrad: Er sieht sie zuerst als Soldat, dann als Kriegsgefangener und schließlich als offizieller Gast. Drei Etappen einer Entwicklung sollen veranschaulicht werden. Hier finden sich außer pathetischen Ergüssen und unerträglichen Banalitäten, außer versifizierten Leitartikeln und pseudopoetischen Reportagen auch einige kurze Passagen, die immerhin als Versuche einer Auseinandersetzung des Autors mit seiner Vergangenheit bemerkenswert sind. Denn das ist Fühmanns großes Thema: das Erlebnis des Nationalsozialismus und des Zweiten Weltkriegs, die schmerzvolle Desillusionierung einer Generation.

In der stalinistischen Zeit wurde jedoch ein DDR-Schriftsteller, der sich diesem Themenkreis zuwandte, fast immer verdächtigt, er wolle sich der Gegenwartsprobleme entziehen und in die weniger heikle Vergangenheit ausweichen. So verzichtete Fühmann auf die – wie sich später herausstellte – ihn bedrängende Thematik. Erst als sich nach Stalins Tod eine Entspannung im Kulturleben der DDR spürbar machte, schrieb er die erfolgreiche Novelle *Kameraden* (1955), der die kleine Prosasammlung *Stürzende Schatten* (1959) folgte.

Wie die Lyrik, in der oft das Rhapsodische eine wichtige Rolle spielt, zeigt auch – und in noch stärkerem Maße – Fühmanns Prosa, daß bei ihm stets der erzählerische Impuls dominiert. Zu welchem Thema er auch greifen und was er auch schreiben mag – Reportagen und Erinnerungen, Berichte und Skizzen –: alles verwandelt sich sofort in eine Geschichte. Er hat einen ausgeprägten Sinn für die Erfordernisse und für die Möglichkeiten der novellistischen Form. Insbesondere ist es ihm gegeben, Situationen und Fabeln zu erfinden, die schnell die wesentlichen Charakterzüge seiner Gestalten erkennbar machen und die behandelte Problematik wie von selbst ans Tageslicht treiben. Im Mittelpunkt stehen meist junge deutsche Soldaten, deren Mentalität das »Dritte Reich« geformt hat und deren Konflikte in der Regel aus der Konfrontation mit nationalsozialistischen Verbrechen erwachsen.

Schon die Novelle *Kameraden*, deren Handlung 1941 an der deutsch-sowjetischen Grenze spielt, beweist, daß Fühmann konsequent und geschickt auf dramatische Pointen zusteuert und mit Überraschungseffekten aufwarten kann, die hier allerdings – zum Unterschied von einigen späteren Geschichten – mitunter nicht wählerisch sind. Psychologische Vereinfachungen und sprachliche Klischees, die vor allem in den Dialogen und im schwachen Mittelteil der *Kameraden* stören, hat er in den *Stürzenden Schatten* weitgehend überwunden.

Das Kernstück dieser Sammlung, *Das Gottesgericht*, ist, wie *Kameraden*, eine strenge, kunstvoll komponierte Novelle, der man die klassischen Vorbilder anmerkt. Erzählt wird von vier deutschen Soldaten, die 1943 in Griechenland nach Partisanen fahnden, jedoch nur den biederen griechischen Koch ihrer Einheit finden, den sie schließlich erschießen. Ihre Höhepunkte erreicht die Novelle in den inneren Monologen der beteiligten Personen – Fühmann bietet hier viele psychologische Details und Beobachtungen und bedient sich oft der Technik der Zeitlupe, die es ihm ermöglicht, auch winzige Regungen und Vorgänge zu erfassen.

Daß dieser Erzähler über eine beachtliche und mitunter souverän angewandte Ausdrucksskala verfügt und daß ihm die konventionellen realistischen Mittel nicht mehr genügen, wird in dem Band *Stürzende Schatten* unter anderem durch eine apokalyptische Vision mit dem Titel *Traum 1958* dokumentiert. Auf dieses Prosastück bezieht sich eine recht ungewöhnliche, am Ende des Buches gedruckte Anmerkung des Autors:

»Im *Traum 1958* versuchte ich die Bildlogik des Traums als Gestaltungsmittel auszunutzen. Hinter scheinbar phantastisch-sinnlosen Bildern versteckt, nimmt man die Bilder wörtlich, die furchtbare Realität. Wenn unser Held beispielsweise sieht, wie der Mann im Ledermantel und die Generäle die Bunkertür gewaltig hinter sich zuschlagen, dann drängt sich ihm das einmal vernommene und dann lange vergessene Nazi-Wort: ›Wir werden einmal die Tür hinter uns zuschlagen, daß die Erde aus den Angeln fällt‹ ins Erinnern. Wenn der Hinkende die Brust aufklappt und ein stillstehendes Herz zeigt, dann erinnert sich unser Held an das von ihm vergessene Wort eines Hinkenden: ›Mir blieb das Herz stillstehen, als ich die Wunderwaffen des Führers sah!‹ Jedes der Traumbilder ist auf diese Art zu verstehen und auch verständlich.«

Die schulmeisterlichen Erläuterungen sind ganz gewiß nicht nur an die Leser adressiert, sondern vor allem an diejenigen, vor denen Fühmann sich offenbar rechtfertigen muß, weil er es gewagt hat, sich literarischer Mittel zu bedienen, die mit der landesüblichen Definition des Begriffs »Realismus« nicht ganz übereinstimmen.

Übrigens vermochte der Selbstkommentar das Buch nicht vor den

Angriffen der offiziellen Kritik zu schützen. Die Monatsschrift *Neue Deutsche Literatur* bezeichnete Fühmanns novellistische Auseinandersetzung mit dem Nationalsozialismus und dem Kriegserlebnis als ungenügend. In schönem Deutsch wurde der Autor belehrt:

»Es fehlt den Erzählungen Fühmanns etwas für den Leser der Gegenwart schlechthin Unentbehrliches: Die Orientierung im Jetzt und Hier, die Anleitung zum Handeln, durch das allein die faschistische Vergangenheit wirklich überwunden werden könnte. Dazu aber bedurfte es eben mehr als nur der bloßen Entlarvung: Nur durch die Gestaltung ihrer tätigen Überwindung in unserer sozialistischen Gegenwart wird die faschistische Vergangenheit für den Leser als überwindbar erkannt, aber auch – angesichts der Situation in Westdeutschland – als noch zu überwinden bewußt.«[6]

Besorgt meint die Rezensentin im Fazit, »das den Autor offenbar immer wieder bedrängende Thema der Auseinandersetzung mit der faschistischen Vergangenheit verstelle ihm noch zu sehr den Blick, als daß er ihre machtvolle tätige Überwindung schon zu gestalten vermöchte. Vielleicht jedoch erweist sich diese Besorgnis schon durch Fühmanns nächstes Buch als unbegründet«.

Fühmann begriff die unzarte Anspielung auf seine politische Biographie und machte sich rasch ans Werk, um zu zeigen, daß er sich nicht auf die bloße Entlarvung beschränken wolle, vielmehr auch die Orientierung im Jetzt und Hier sowie die Anleitungen zum Handeln und die Gestaltung der »machtvollen tätigen Überwindung« der faschistischen Vergangenheit in der sozialistischen Gegenwart leisten könne. Es entstand jenes vorher erwähnte Buch über eine Rostocker Werft, eine Reportage, die sich immerhin von vielen ähnlichen Auftragsarbeiten, die in der DDR geschrieben werden, vorteilhaft unterscheidet; während derartige Propagandatexte anderer Autoren mit künstlerischer Prosa keinerlei Berührungspunkte haben, vermag Fühmann seinem spröden Gegenstand einigen Reiz abzugewinnen, kleine Stimmungsbilder einzubauen und wenigstens in einzelnen Abschnitten die erwünschte Synthese von Literatur und Propaganda zu verwirklichen.

Ja, Fühmann gelingt es sogar, den Alltag eines – natürlich vorbildlichen – Leutnants der Volkspolizei zwar schönfärberisch, doch lesbar darzustellen. Unter anderem läßt er den Leutnant ein Massengrab besichtigen, in dem 1945 halbwüchsige Volkssturm-Soldaten bestattet wurden. Die erschütternde Passage bestätigt wiederum, daß dieser Schriftsteller sich erst entfalten kann, wenn er auf die Vergangenheit zu sprechen kommt.

Nachdem er mit den beiden Gegenwartsbüchern *Kabelkran und Blauer Peter* und *Spuk* den von der Kulturpolitik geforderten Tribut entrichtet hatte, glaubte Fühmann, zu dem Thema seines Lebens zurückkehren zu dürfen. Das Prosabuch *Das Judenauto* (1962) enthält eine Reihe von autobiographischen Episoden aus den dreißiger Jahren und der Zeit des Krieges. Die Inhaltsangabe ließ allerdings Schlimmes erwarten, da Fühmann jeden Abschnitt seines Lebens mit einem historischen Datum in Zusammenhang bringt, auf das er immer im Untertitel hinweist – so etwa: »1. September 1939 Ausbruch des Zweiten Weltkrieges«, oder: »22. Juni 1941, Überfall auf die Sowjetunion«, oder: »20. Juli 1944, Attentat auf Hitler«. Man mußte befürchten, Fühmann wolle hier lediglich die historisch-gesellschaftlichen Prozesse im Sinne des Sozialistischen Realismus mit epischen Mitteln illustrieren, also den politischen Anschauungsunterricht nur durch individuelle Erlebnisse verdeutlichen.

Fühmanns Talent sprengt jedoch die starre Konzeption; die einzelnen Erinnerungen und Berichte gehen unmerklich in Geschichten über; die besten zeichnen sich durch Bildkraft und Beredsamkeit aus. Vortrefflich etwa die Schilderung des Tages, an dem die Wehrmacht, im Oktober 1938, ins Sudetenland kommt, meisterhaft auch das den Antisemitismus behandelnde Titelstück, eine in ihrer Art vollkommene Kurzgeschichte, die keinerlei Vergleiche in der deutschen Gegenwartsliteratur zu scheuen braucht.

Diesmal hat Fühmann auch versucht, der Rüge vorzubeugen, die Auseinandersetzung mit der Vergangenheit verstelle ihm den Blick für deren »machtvolle tätige Überwindung«. Daher schließt das Buch mit Episoden aus dem sowjetischen Kriegsgefangenenlager und mit den ersten Erlebnissen des Verfassers nach seiner Rückkehr.

Aber wieder war die Kritik in der DDR nicht zufrieden. So schrieb Eduard Zak in der Wochenzeitung *Sonntag*: »Gegenüber der kritischen Wahrheit, die, in poetischer Verkürzung zwar, aber explizit den Hauptteil des Buches ausmacht, sind die beiden Schlußkapitel mit dem ganzen Gewicht der Wandlung befrachtet ... Die wenigen Seiten können doch kaum das Gegengewicht gegen das Hauptanliegen des

Werkes halten. Das Resümee erreicht nicht die poetische Dichte der kritischen Kapitel.«[7] Das ist richtig: der oberflächliche Schluß kann mit den vorangegangenen Kapiteln nicht verglichen werden. Der Kritiker des *Sonntag* hütet sich, nach den Gründen der plötzlichen Niveausenkung zu forschen.

1950 schrieb der Heimkehrer Fühmann in dem Gedicht *Von der Verantwortung der Dichter*:

Aber das Leben ist teuer,
wir ersetzen es nie.
Klar und ungeheuer
zwingt uns die Schuld in die Knie.

(1963)

Schuld und Sühne

Franz Fühmann, *König Ödipus*

Um nichts, scheint es, hat sich der Dichter Franz Fühmann geduldiger und aufrichtiger bemüht als um das Vertrauen der SED. Dennoch mißtraut man ihm heute in Ostberlin – und nicht ohne Grund. Nichts lag ihm ferner, als die Leier des Aufruhrs zu schlagen. Zur Gefolgschaft, nicht zum Widerstand fühlte er sich immer schon gedrängt. Und doch gehört mittlerweile auch er zu den enttäuschten und verbitterten Künstlern in der DDR, wenn nicht gar zu jener leisen und leidenden literarischen Opposition, die zunächst und vor allem gegen die Kulturpolitik der Partei gerichtet ist und von Peter Huchel über Stefan Heym und Stephan Hermlin bis zu Wolf Biermann reicht.

Kein Zweifel, daß Fühmann mehr mit ihnen gemein hat als mit manchem cleveren Schriftsteller und gewieften Pragmatiker im literarischen Leben jenseits der Elbe, mit jenen übrigens in der Regel jüngeren und nicht immer talentlosen Autoren, die vieles tun, um auf beiden Stühlen zugleich sitzen zu können und die sich wohl etwas zu häufig die Brechtsche List zum Vorbild nehmen.

Fühmann hingegen ist weder flink noch wendig, sondern eher bedächtig und beharrlich. Und wie Peinliches er sich auch zuschulden kommen ließ und was immer ihm vorgeworfen werden muß – er mag vielleicht kein angenehmer Zeitgenosse sein, aber er ist ein ernster Schriftsteller, der es sich nie leicht gemacht hat, und gewiß einer der wenigen in der DDR wirkenden Erzähler dieser Generation – er wurde 1922 geboren –, dem man nachrühmen kann, daß noch seine unerfreulichsten und schwächsten Arbeiten lesbar sind. Der unter dem Titel *König Ödipus* erschienene Sammelband[1] beweist dies erneut. Er enthält zehn Erzählungen, von denen die früheste (*Kameraden*) aus dem Jahr 1955 stammt, während zwei Prosastücke – die über 80 Seiten umfassende Titelgeschichte und die Novelle *Schöpfung* – hier, sofern ich richtig informiert bin, erstmalig gedruckt vorliegen.

Allerdings werden dem Leser die Daten der Entstehung oder der Erstveröffentlichung dieser Arbeiten, von einer einzigen Ausnahme abgesehen, nicht mitgeteilt; und die Anordnung ist nicht chronologisch. Es fiele mir leichter, mich darüber zu entrüsten, wenn ich nicht wüßte, daß dieses Verfahren von manchen bundesrepublikanischen Verlagen ebenfalls gern und oft angewandt wird. Mitunter handelt es sich um gewöhnliche Schlamperei, häufiger freilich um bewußte und höchst ärgerliche Irreführung des Publikums. Es sei – wie manche angeblichen Fachleute behaupten – an einem Erzählungsband, dessen einzelne Stücke fünf oder zehn Jahre alt sind, schon nicht mehr interessiert.

Möglich, daß die Schlamperei der Verlage ein gesamtdeutsches Phänomen ist oder daß solche nicht ganz einwandfreien kommerziellen Bräuche kapitalistischer Unternehmer leider auch den volkseigenen Ostberliner Aufbau-Verlag ein wenig demoralisiert haben. Nur daß es im Fall Fühmann vielleicht gar nicht kaufmännische, sondern kulturpolitische Bedenken waren, die es angebracht erscheinen ließen, die Entstehungsdaten seiner Geschichten zu verschweigen und sie auch keineswegs in chronologischer Reihenfolge zu bieten.

In dieser Reihenfolge müßte nämlich deutlich werden, daß die Erzählungen in drei Gruppen zerfallen: Die erste umfaßt Geschichten aus den Jahren 1955–1959; sie spielen alle während des Zweiten Weltkrieges. Die Stücke der nächsten Gruppe (1960–1962) behandeln hingegen Stoffe aus der Gegenwart und der DDR. Die letzten Geschichten (ab 1963) spielen jedoch wiederum in der Zeit des »Dritten Reichs«.

Was sich hinter dieser so übersichtlichen Aufteilung verbirgt, scheint mir weit mehr als die exemplarische Entwicklung eines einzelnen Schriftstellers zu sein. Denn es ist, um es gleich zu sagen, die totale Katastrophe der Literaturpolitik der SED.

Sein Weg führte von der SA, der er sich als ein ganz junger Mann begeistert anschloß, über die Kriegsgefangenschaft in der Sowjetunion zur FDJ, der er nicht weniger begeistert beitrat, als er schon längst kein Jüngling mehr war. Um jedoch Mißverständnissen vorzubeugen: Ich bin überzeugt, daß Fühmann alles andere als ein Opportunist ist, und ich habe nicht den geringsten Anlaß, an der Ehrlichkeit seiner Wandlungen zu zweifeln.

Er war damals, um 1950, gerade der Typ des Nachwuchsautors, mit dessen Hilfe die Kulturpolitiker den Sozialistischen Realismus zu verwirklichen hofften: nicht nur begabt und aufgeschlossen, sondern auch tatsächlich gewillt, alle Empfehlungen und Wünsche der neuen

Lehrmeister und Führer genauestens zu beachten. Zudem hatte der angedeutete Makel in Fühmanns Biographie auch seine Vorzüge, weil ein ausgeprägtes Schuldbewußtsein des Kandidaten die Arbeit der Erzieher erleichtern kann und sich ihnen die Möglichkeit bietet, gegebenenfalls auf den Betroffenen Druck auszuüben.

Doch wird dies nicht nötig gewesen sein: Fühmann verfaßte bereitwillig und zugleich enthusiastisch jene Verse, die man von ihm erwartete. Als Erzähler kam er glücklicherweise erst etwas später zum Zuge: Mitte der fünfziger Jahre, da schon die »Tauwetter«-Atmosphäre spürbar war, die ihn ermutigte, das Thema aufzugreifen, von dem man ihn bis dahin aus kulturpolitischen Gründen weggedrängt hatte – die Desillusionierung der vom Nationalsozialismus verführten jungen Generation.

Dank dieser 1941 an der deutsch-sowjetischen Grenze spielenden Novelle *Kameraden*, die allen Naivitäten und propagandistischen Akzenten zum Trotz erheblich besser ist als die meisten literarischen Arbeiten, die dort in jenen Jahren veröffentlicht wurden, rückte Fühmann in die Reihe der prominenten Autoren der DDR auf.

Als aber viele Schriftsteller 1956 meuterten, plädierte er, ein Mann der Treue und der Zuverlässigkeit und nicht etwa der Skepsis und des Zweifels, lauthals für die SED, der er übrigens nicht angehört, und für das Regime, was ihm schwerlich Sympathien einbringen konnte – weder in den intellektuellen Kreisen von Ostberlin und Leipzig noch gar in der Bundesrepublik.[2]

Indes blieb er bei dem Thema, für das er sich mit den *Kameraden* entschieden hatte. Seiner 1959 unter dem Titel *Stürzende Schatten* publizierten Kriegsgeschichten, die man jetzt in dem Band *König Ödipus* wiederfindet – im Westen ist nur die virtuos geschriebene Erzählung *Das Gottesgericht* bekannt[3] –, braucht er sich auch heute nicht zu schämen. Um so mehr mag es verwunderlich erscheinen, daß sich Fühmann damals von seinem eigentlichen Thema wieder abwandte. Allerdings verweist schon der Zeitpunkt auf die Ursache.

Im April 1959 hatte die berüchtigte Bitterfelder Konferenz stattgefunden, deren Aufgabe es war, mit allen Relikten des Tauwetters, mit allen Erscheinungen des Liberalismus, Kritizismus und Skeptizismus in der Literatur der DDR gründlich aufzuräumen. Die Kumpels sollten zur Feder und die Schriftsteller zu den Kumpels greifen. Mit anderen Worten: Die Berufsautoren wurden von der Partei aufgefordert, im Wettstreit mit den schreiblustigen Laien die proletarischen Helden im Alltag der DDR zu besingen und also Betriebsromane und sozialistische Dorfgeschichten zu verfassen.

Der einzige namhafte Schriftsteller, der sich diesen Appell tatsächlich zu Herzen nahm, war, soweit ich sehe, Franz Fühmann. Man hat ihn nicht genötigt, sondern überzeugt oder, zumindest, überredet. Fühmann arbeitete längere Zeit in einer Schiffswerft, die er dann in dem Buch *Kabelkran und Blauer Peter* (1961) beschrieb. Er befaßte sich mit dem Dienst der Volkspolizei, den er in dem Geschichtenband *Spuk* (1961) schilderte, aus dem in die jetzt edierte Sammlung erfreulicherweise einzig das Titelstück aufgenommen wurde. Übrigens ist die literarische Verherrlichung der Polizei sogar in einem Polizeistaat ein Kuriosum.

Ferner stammt aus dieser Zeit die im *König Ödipus* abermals gedruckte Erzählung *Böhmen am Meer* (1962), in der eine ehemalige, nun in der DDR lebende Landarbeiterin an einer psychischen Krankheit leidet, deren Ursache sich am Ende herausstellt: Fühmanns Heldin wurde einst von ihrem Arbeitgeber, einem herzlosen Grundbesitzer, brutal fortgejagt. Zwei Figuren werden in dieser Erzählung gegeneinander ausgespielt: der proletarische Bürgermeister des Städtchens, in dem die Unglückliche wohnt und der sich als ihr menschenfreundlicher Beschützer erweist, und jener Gutsbesitzer, der sich inzwischen in Westdeutschland als Vertriebenenfunktionär betätigt.

Aufschlußreich sind die Mittel, mit denen Fühmann diese beiden Gestalten charakterisiert. Der eine ist ein schlanker, gepflegter Herr mit grauem Backenbart: »Er trug eine schmale randlose Brille mit goldenem Bügel und rauchte eine Zigarre . . .« Und der andere: »Ich musterte ihn scheu: Ein hagerer Mann, straff, mittelgroß, das Gesicht wettergebräunt und die Stirn und Wangen gefurcht; ein Gesicht, erfüllt von der Güte derer, die viele Kämpfe durchgestanden haben. Sicher, so dachte ich, trägt er das kleine Oval mit der roten Fahne und den ineinander verschlungenen Händen am Revers unterm Lederzeug! Er spürte meinen Blick und wurde verlegen. ›Ich möchte danken‹, sagte ich.«

Einerseits die randlose Brille und die Zigarre und andererseits der »offene Blick« und der »feste Händedruck« (vom »wettergebräunten

Gesicht« ganz zu schweigen) als Kennzeichen der Klassenzugehörigkeit – das sind die nun schon klassischen Mittel des Sozialistischen
Realismus etwa Anno 1950. Daß ein Schriftsteller wie Fühmann 1962
wieder auf einer solchen Ebene landen konnte, macht die verheerenden
Folgen jener Kulturpolitik deutlich, der die Stadt Bitterfeld einen
fragwürdigen Ruhm verdankt.

Fühmann hat jedoch aus diesen Erfahrungen zu lernen vermocht.
Wie teuer freilich das Lehrgeld war, kann nur derjenige ermessen, der
weiß, was es für einen Künstler bedeutet, zu erkennen, daß er seine
Zeit und seine Kraft an eine sinnlose Aufgabe verschwendet hatte.

Als Anfang 1964 die zweite Bitterfelder Konferenz vorbereitet
wurde, teilte Fühmann den Lesern des *Neuen Deutschland* klar und
schroff mit, er werde den »Bitterfelder Weg« nicht weitergehen, und er
denke auch nicht daran, seine Tage weiter in einer Fabrik zu verbrin-
gen: »Den großen Betriebsroman werde ich nicht schreiben.« Jeder
Schriftsteller, meinte Fühmann, müsse sich auf die Stoffe und Themen
besinnen, an denen sich sein Talent am wirksamsten erweisen könne.
Dies indes ist nichts anderes als eine entschiedene Absage an die
Kulturpolitik, deren Zögling und treuester Sohn Fühmann viele Jahre
hindurch war.

Aber warum sah man es eigentlich so ungern, daß er immer wieder
von der Zeit des »Dritten Reiches« erzählte? Weil man ihn für
aktuellere Themen brauchte? Nicht nur.

Ich halte die in der Bundesrepublik außerordentlich beliebten Vergleiche des Kommunismus mit dem Nationalsozialismus für ebenso
bequem wie unseriös: Sie fließen nur jenen rasch aus der Feder, die von
einem der beiden Phänomene – und meist ist es der Kommunismus –
nichts verstehen. So gewaltig jedoch die Unterschiede zwischen diesen
beiden Welten sind, so sehr ähneln sich die Methoden, die alle totalitären Staaten anwenden, und die Praktiken, die im Alltag ihrer Bürger
spürbar werden. Daher ergeben sich für die Leser in kommunistischen
Ländern, sobald Motive aus den Jahren des »Dritten Reichs« behandelt werden, fast immer – ob es nun beabsichtigt war oder nicht –
verblüffende und für die Regimes natürlich höchst unwillkommene
Analogien und Assoziationen.

Unverkennbar ist das, beispielsweise, in Fühmanns Erzählung *Barlach in Güstrow* (1963). Sie spielt 1937 an dem Tag, an dem Barlach

erfährt, daß auf Befehl der nationalsozialistischen Behörden ein ihm besonders wichtiges Werk, der Engel, aus dem Güstrower Dom entfernt wurde. Dieses Ereignis löst die Erinnerungen, Visionen und Reflexionen aus, aus denen der größte Teil dieser Erzählung besteht, in der Fühmann – wie er in einer knappen Nachbemerkung mitteilt – »Entwicklungen von Jahren und Stunden« zu konzentrieren versuchte.

Um die Situation zu vergegenwärtigen, in die sein Held im »Dritten Reich« geraten war, läßt er ihn monologisieren: »Räuber und Mörder durften sich verteidigen, wenn sie angeklagt waren, nicht so ein Barlach, der war vogelfrei – und außerdem hätte er ja nicht einmal wissen können, gegen wen er Klage hätte erheben sollen: nie würde er herausfinden, wer den Befehl zum Abbruch des Engels gegeben hatte und wie diese Maßnahme begründet worden war; keine Stelle würde ein Wörtlein verlauten lassen, keine Antwort würde gewährt, keine Erklärung gegeben werden, denn dieser Feind kämpfte ja nicht mit offenem Visier; ... und das war die sichtbare Spur ihres heimlichen Wirkens: das Magdeburger Mal und der Kieler Geistkämpfer abgebrochen und eingekellert, der Band Zeichnungen bei Piper von der Gestapo beschlagnahmt, ›Der Blaue Boll‹ in Berlin und ›Die echten Sedemunds‹ in Altona vom Spielplan abgesetzt, der Vertrag mit dem Rundfunk in den Papierkorb geworfen, der Austritt aus der Akademie erzwungen ... Erwiderungen wurden nicht angehört, auf Diskussionsversuche wurde nicht eingegangen, ja sogar sachliche Berichtigungen waren mit Repressalien beantwortet worden.«

Damit ist aber zugleich die fatale Situation gekennzeichnet, in der sich manche namhafte Schriftsteller und Künstler jenseits der Elbe befinden. Und wenn Fühmanns Leser in der DDR erfahren, der Held seiner Erzählungen habe 1937 den »höhnischen Rat zu hören bekommen, er, Barlach, könne ja in die Emigration gehen« – dann drängen sich ihnen Vergleiche auf, an denen jene, die den antifaschistischen Schutzwall erbauen ließen, keineswegs interessiert sind.

Allerdings gehört die Erzählung – trotz mehrerer eindringlicher Abschnitte – nicht zu den gelungenen Arbeiten des Bandes, zumal die Diktion dieser Prosa, die mir nicht poetisch, sondern pseudopoetisch zu sein scheint, prätentiös und umständlich ist: Die oft biblisch getönten Sätze und die schwerfällig-feierlichen, preziösen Kadenzen

sind eher geeignet, die inneren und äußeren Vorgänge, die hier darge-
stellt werden sollten, zu verdecken, als sie zu verdeutlichen. Ob
Fühmanns epische Kraft angesichts der Figur Ernst Barlachs versagt
oder ob er sich, um die Veröffentlichung in der DDR nicht zu
gefährden, einen Zwang auferlegt hat, der ihn schließlich bei fragwürdigen stilistischen Mitteln Zuflucht suchen ließ, ist schwer zu entscheiden.

Die Möglichkeiten, über die der Erzähler Fühmann verfügt, wenn er
sich von dem Einfluß der Kulturpolitiker frei macht und sich vor allem
bei der Wahl des Themas nicht beirren läßt, zeigen die beiden neuen
Arbeiten.

In der Geschichte *Die Schöpfung* – es geht um das Erlebnis eines
Soldaten der Wehrmacht in Griechenland – bedient sich Fühmann
einer Technik, die er schon früher mit Erfolg anzuwenden wußte – der
Zeitlupe: Einem Minimum an äußeren Geschehnissen entspricht ein
Maximum an inneren Regungen und psychologischen Details, wobei
niemals der Eindruck des Artifiziellen entsteht, das eine derartige
Prosa oft beeinträchtigt. Was sichtbar wird, ist nichts anderes als die
Mentalität eines vom totalitären Staat erzogenen jungen Menschen, der
glaubt, der Kampf um die angebliche Neuordnung der Welt rechtferti-
ge jegliche Grausamkeit.

Daß Fühmann keineswegs auf die Zeitlupe angewiesen ist, sondern
auch mit ganz anderen Mitteln erstaunliche Wirkungen erzielen kann,
beweist die Erzählung *König Ödipus*, deren Handlung wiederum
während des Krieges spielt. Soldaten einer vor Theben stationierten
deutschen Nachrichteneinheit beabsichtigen, zusammen mit griechischen Kameraden den Sophokleischen *König Ödipus* aufzuführen, was
»die Vereinigung des Völkeradels Europas« symbolisieren soll.

Freilich ist die Mitwirkung der Griechen nur im Chor geplant, und
das – als Beispiel der für die ganze Erzählung charakteristischen Ironie
Fühmanns sei die Stelle hier zitiert – »ungeachtet des Umstandes, daß
diese, der deutschen Sprache nur wenig mächtig, den Text nicht
mitsprechen, sondern nur leise in den raunenden Rhythmen der
Anapäste und Daktylen würden mitsummen können, ein Übel, dem
man jedoch dadurch zu steuern gedächte, daß man die griechischen
Chorsprecher in eine zweite Reihe hinter den deutschen aufzustellen
erwog . . .«.

Zu der Aufführung kommt es nicht, weil der Rückzug beginnt, in dessen Verlauf die vom Gros der Truppe abgesprengte Einheit in den Stallungen, Käfigen und Gehegen des verlassenen zoologischen Gartens einer nordgriechischen Stadt Unterkunft findet. Wo einst wilde Tiere waren, entstehen dank deutscher Organisation behagliche Quartiere – aus dem verdreckten Gelände wird rasch »ein Stück Kultur gezaubert«.

Auf diesem Hintergrund läßt Fühmann zwei junge Soldaten – im Zivil Studenten – über den *Ödipus* diskutieren, den sie vom nationalsozialistischen Standpunkt auszulegen versuchen, wobei übrigens der Erzähler wenigstens einen von ihnen mit einer Denkweise und mit dialektischen Fähigkeiten ausgestattet hat, die weit eher auf marxistische Schulung denn auf den Geist des »Dritten Reiches« schließen lassen.

Die Interpretationen des Ödipus-Mythos laufen auf die Erörterung jener Frage hinaus, die offenbar Fühmann jetzt mehr noch als früher bedrängt – der Frage nach der Verantwortung, nach der Schuld und Sühne des Individuums in der Zeit »des Zusammenstoßes zweier Menschheitsepochen«. Diese Debatten, denen es weder an Humor noch an Scharfsinn fehlt, sind mit einer Kampfaktion verknüpft, die dieselben Soldaten, die scheinbar in die Tiefen der Sophokleischen Tragödie eindringen möchten, gleichzeitig gegen griechische Partisanen durchführen.

Der entscheidende Akzent ist aber gegen die Erzieher dieser jungen Menschen im totalitären Staat gerichtet: Der Führer der Nachrichteneinheit, im Zivil Philologe, erweist sich als ein falscher Teiresias, »der alles wußte und nicht zu sprechen wagte aus Angst vor dem Kommenden, aus erbärmlicher, feiger, elender Angst«.

Fühmanns neue Prosa macht deutlich, daß seine Entwicklung, mag er auch inzwischen fünfundvierzig Jahre alt sein, noch längst nicht abgeschlossen ist. Er hat lange die Gemeinschaft gesucht und mußte schließlich ein Einzelgänger werden. Die Einsicht, daß es kein Kollektiv gibt, das einem Künstler auf die Dauer Geborgenheit bieten kann, mag für Fühmann besonders schmerzvoll gewesen sein. Ja, es läßt sich nicht einmal mit Sicherheit sagen, ob er sich von derartigen Illusionen vollends getrennt hat.

Aber nichts wäre unsinniger, als von ihm Deklarationen und Be-

kenntnisse zu erwarten. Wie es Fühmann zu halten gedenkt, deutet der Schluß seiner Barlach-Erzählung an, deren Held entschlossen ist, sich auf seinem Wege durch nichts beirren zu lassen. Die letzte Zeile der Erzählung lautet: »›Ich muß arbeiten‹, sagte er.«
(1967)

Ein Land des Lächelns
Hermann Kant, *Die Aula*

Jawohl, dieser Hermann Kant aus Ostberlin kann sich sehen lassen. Er ist zu vielem fähig. Er weiß Bescheid, er kennt sich im literarischen Gewerbe genau aus, er versteht sein Handwerk. Ein intelligenter, ein schlauer Bursche, ein vielseitiger, ein wendiger Journalist, ein professioneller und temperamentvoller Polemiker, ein lustiger Bruder vom traurigen Feuilleton des *Neuen Deutschland*, eines der flinksten Pferdchen aus dem Elitestall der SED-Presse.

Nun hat er auch noch einen runden und lesenswerten Roman zustande gebracht: *Die Aula*.[1] Überall beachtet man dieses Buch, munter wachsen die Auflagen, mit Übersetzungen in sieben oder neun oder elf Sprachen kann man rechnen, den Nationalpreis der DDR hat der Autor schon fast in der Tasche, an der Universität Greifswald sinnt man, ob es sich bereits schickt, mit dem Ehrendoktorhut zu winken. Und früher oder später wird Kant, ob er es will oder nicht, einen harten Sitz im Zentralkomitee erhalten.

Er hat das alles verdient. Denn dieser listige Tausendsassa ist ein ganz großer Könner. Daran gibt es nichts zu rütteln. Aber so begabt und agil dieser Mann auch ist, so wenig gefällt er mir. Und so kurzweilig sich Teile der *Aula* lesen, so fragwürdig scheint mir dieses Buch doch zu sein.

Gegen Ende des Romans bekommt sein Held, der mit der Biographie des Verfassers ausgestattete und ihm außerordentlich ähnelnde Parteijournalist Robert Iswall, von einem Jugendfreund zu hören: »Du warst zwar ein Angeber, aber du warst perfekt darin, und die Perfektion hat mich schon immer überzeugt.« Das gilt auch für *Die Aula*. Dieses Buch ist so perfekt wie hochwertige Konfektion – und wie es ein Kunstwerk nie sein kann. Sogar die simpelsten Losungen der Propaganda und die faustdicken Lügen werden hier nicht ohne Geschick und nicht ohne Perfektion an den Mann gebracht. Und das will schon etwas heißen.

Worum geht es? Das Alte stürzt, es ändert sich die Zeit, und neues Leben blüht aus den Ruinen. Herrlich ist die Arbeiter- und Bauernmacht, wenn auch nicht frei von Schuld und Fehle, denn aller Anfang

ist schwer. Schön ist die Welt und fröhlich die Jugend, doch des
Lebens ungemischte Freude ward auch im SED-Staat keinem Irdischen zuteil. An die DDR, die teure, schließ dich an, hier sind die
starken Wurzeln deiner Kraft. Die Zukunft ist unser, hier bin ich
Mensch, hier darf ich's sein.

Das etwa sind die Leitmotive, die freilich nicht so nackt und
schamlos vor uns ausgebreitet werden. Niemals vergißt dieser Ostberliner Kant den DDR-Himmel über ihm und das proletarische Gesetz
in ihm. Aber was er zu sagen hat, wird erst einmal sorgfältig zuberei-
tet, mit einem Schuß praktischer Vernunft angereichert, mit milder
Ironie gewürzt, mit harmlosem Witz gepfeffert, mit biederer Sentimentalität angerührt, mit Phantasie ausgeschmückt – und dann appe-
titlich serviert.

Die Arbeiter- und Bauernfakultäten an den Universitäten der DDR
– so nannte man Spezialkurse, die ausgewählten Kadern proletarischer
Herkunft Abitur und Studium ermöglichen sollten – wurden ab 1962
geschlossen. Denn sie hatten, heißt es, ihre Aufgabe erfüllt. Kants
Held Iswall, einst, wie der Autor, Elektriker und dann Absolvent einer
solchen Fakultät, wird aufgefordert, auf der Abschlußfeier die Rede zu
halten. Das ist der Ausgangspunkt der Fabel und, journalistisch gesprochen, der Aufhänger des Romans.

Denn Iswall befaßt sich nun monatelang damit, das Material für
diese Festansprache zu sammeln: Er fährt nach Greifswald, wo er
studiert hat, er blättert in den Personalakten der Universität, er sucht
in Ost und West die damaligen Kommilitonen auf, um zu sehen, was
aus ihnen mittlerweile geworden ist. Diese Bemühungen Iswalls ergeben eine Art Rahmenhandlung, die 1962 spielt. In sie ist die Haupt-
handlung eingebettet: die Vorgänge an jener Arbeiter- und Bauernfakultät in Greifswald zwischen 1949 und 1952, wiederum mit Iswall im
Mittelpunkt. Ferner werden noch seine Erinnerungen – und auch die
einiger anderer Figuren – an frühere Erlebnisse geboten: in der Kindheit, während des Krieges, in der Gefangenschaft.

Setzt sich also der Roman aus drei Bestandteilen zusammen? Nein.
Kann man tatsächlich von drei verschiedenen Zeitebenen sprechen?
Nur in einem sehr geringen Maße. Ob Rahmenhandlung. Haupthand-
lung oder eingeblendete Vorhandlung, ob Gegenwart oder Vergangenheit, ob diese oder jene Ebene – das Buch lebt in Wirklichkeit von ein

und derselben Substanz: Es besteht vor allem aus kleinen Geschichten, Schnurren und Anekdoten, aus Humoresken und Schelmenstreichen, aus Witzen, Späßen und Scherzen.

Meist haben sie mit dem eigentlichen Thema der *Aula* nichts oder jedenfalls nicht viel zu tun. Sie werden eingefügt, sobald sich eine passende Gelegenheit findet. Und wenn sich keine passende Gelegenheit finden will, werden sie ebenfalls eingefügt. Sie sind zwar nicht immer, aber doch sehr häufig austauschbar: Was die Figur A. zum besten gibt, könnte auch von der Figur B. kommen, was jemand 1962 erzählt, könnte auch aus dem Jahr 1949 stammen, was auf Seite 50 untergebracht wird, könnte auch auf Seite 350 stehen. Mit diesen Schnurren und Anekdoten ist das Ganze behängt wie ein Tannenbaum mit Weihnachtsschmuck.

Doch wäre es ungerecht, die Qualität eines solchen Assortiments von bunten Scherzartikeln nicht anzuerkennen. Hier zeigt sich die Vitalität des Schriftstellers Kant: Er wartet mit unzähligen und bisweilen sogar originellen Einfällen auf, er bewährt sich als genüßlicher Plauderer, als flotter Geschichtenerzähler und amüsanter Schilderer, als Spaßmacher und Witzbold. Kein Zweifel: Die starke Seite seiner Begabung ist die heitere epische Miniatur, die sich allerdings meist als unbedarft erweist. Ihr vor allem verdankt der Roman seine nicht zu verachtende – und auf dem Hintergrund der DDR-Prosa geradezu außergewöhnliche – Lesbarkeit, seinen vollauf begreiflichen Publikumserfolg.

Zugleich haben die vielen unterhaltsamen, in der Regel anspruchslosen, hier und da albernen Einsprengsel noch eine ganz andere Funktion innerhalb des Buches: Die Schnurre ist die Ausflucht des Zeitkritikers Kant, die Anekdote sein ständiger Schlupfwinkel. Was soll das bedeuten?

Dem Verfasser der *Aula* ist viel daran gelegen, die Leser davon zu überzeugen, daß er das Leben in der DDR selbständig und daher kritisch betrachtet. Dem Roman soll der Zweifel eine pikante Note geben. »Wir machen« – heißt es mit einem schon komisch wirkenden Stolz – »das Denken zur obersten Pflicht, und so . . . auch das Fragen.« An einer entscheidenden Stelle bekennt Iswall: »Ich weiß nur, daß ich fragen muß, wenn ich leben will . . .«

In der Tat gönnt Kant seinem Sachwalter ein wenig Skepsis, er genehmigt ihm etwas Melancholie. Die Figur soll sich von jenen landesüblichen positiven Helden, die in der Regel nach der sowjetischen Schablone von vorgestern gezeichnet sind, deutlich unterscheiden. In der Kriegsgefangenschaft hat ihn nicht, wie es das Klischee will, Ilja Ehrenburg begeistert, sondern *Vom Winde verweht*. In seinem Arbeitszimmer hängt jetzt nicht ein Porträt von Lenin oder Majakowskij, sondern – von Proust etwa oder von Joyce? Nein, aber es ist ein Bild von Hemingway, einem Westler und Nichtkommunisten zwar, doch einem, der in Moskau seit Jahren gerühmt wird.

Über vieles darf sich Iswall ironisch und schnoddrig äußern, manches darf er eindeutig verspotten. Was kritisiert er? Stellt er wirklich Fragen? Und worauf bezieht sich sein angeblicher Zweifel?

Kant parodiert nicht nur den Schülerjargon und die Sprache der Lehrer (Grass und Professor Unrat lassen grüßen), sondern auch das Deutsch der Parteifunktionäre. Er nimmt Dogmatiker und Sektierer aufs Korn, die alles gut gemeint, aber leider – wohlgemerkt in den ersten Jahren der DDR – einiges schlecht getan haben. Er führt einen Scharfmacher vor, dem er vorsichtshalber eine untergeordnete Rolle zubilligt: Es ist ein linientreuer Lehrer, dessen Übereifer großen Schaden anrichtet.

Doch als Gegenfigur tritt gleich der Parteisekretär Haiduck auf, ein Pfundskerl, ein Ritter ohne Fehl und Tadel. Zwar wird er später infolge einer Intrige abgesetzt, aber am Ende hat er einen noch höheren Posten, und alles ist wieder in Butter. Wenn damals Menschen aus der DDR geflohen sind – so Iswalls Mutter, so auch sein Kommilitone Fiebach –, dann war daran immer nur die Borniertheit einzelner Funktionäre schuld. Die Standardrechtfertigung lautet: Kinderkrankheiten des neuen Systems.

In den Szenen hingegen, die 1962 spielen, wird die Kritik der Verhältnisse auf das bescheidenste Maß zurückgeschraubt: Es gibt in Ostberlin vorübergehend keine Zwiebeln zu kaufen, ein offenbar wichtiger Funktionär schämt sich dessen, daß er Karl May liest, die Schriftsteller der DDR sind eitel und publizitätsgeil. Und so weiter. Tauchen gelegentlich ernsthafte Fragen auf, dann werden sie von Kant im Keim erstickt. Ein Hamburger Kaufmann darf die fundamentale Propagandataktik der Kommunisten beanstanden. Iswall antwortet rasch mit einem Kalauer – und das Gespräch ist beendet. Ein 1962 aus

China zurückgekehrter Freund soll etwas über die Schwierigkeiten berichten, die sich in der Zusammenarbeit mit der chinesischen Partei ergeben: »Ein Mist ist das. Laß uns lieber über was Lustiges reden. Magst du noch lustige Geschichten?« Und in der Tat folgt gleich eine – diesmal nicht einmal lustige – Geschichte.

Aus Problemen macht Kant treuherzige Anekdoten. Heiße Eisen verarbeitet er zu kleinen schmucken Souvenirs. Was geschehen ist, wird entweder verheimlicht und ausgespart oder verharmlost und verniedlicht. Lausbubenstreiche geben den Ton an, die wehmütige Erinnerung an die fröhlichen Schuljahre dominiert, die DDR erweist sich als ein Land des Lächelns.

Daß den kritischen Vorbehalten in der *Aula* fast nur Lappalien und Marginalien ausgesetzt sind und daß die homöopathische Dosis Zweifel hier äußerst karg bemessen ist, kann uns natürlich nicht wundern. Daß jedoch Kant unentwegt mit seinem angeblichen Mut kokettiert, daß er stets mit seinem schnoddrigen Pseudozweifel protzt, wirkt peinlich und läßt die Unaufrichtigkeit des Buches um so deutlicher werden. Dieser Erzähler geht auf flacher Erde, aber er bewegt sich wie ein Seiltänzer über einem Abgrund.

»Das wäre eine schöne Geschichte«, ruft Iswall kühn und augenzwinkernd zugleich, »in der nicht wäre, was nicht paßt.« Wozu das Gerede, wenn in dem Buch doch nur zu finden ist, was bequem hineinpaßt, wenn aus den vielen und oft authentischen Einzelheiten am Ende immer das erwünschte Bild entsteht? Wenn in den in Hamburg spielenden Szenen meist Gauner und Betrüger auftreten oder ·zumindest gescheiterte Existenzen und zwielichtige Figuren, während die DDR bevölkert wird von tüchtigen Wissenschaftlern und fleißigen Beamten, von Studenten, deren Moral an Pfadfinder erinnert und deren Kameradschaft rührend ist?

Gewiß, auch die Bewohner der Kantschen DDR sind nicht nur und nicht ständig edel, hilfreich und gut wie jene Greifswalder Studenten, die einen an Tuberkulose erkrankten Kommilitonen so herzlich betreuen, daß die Träne quillt und die Sentimentalität hemmungslos triumphiert.

Iswall beispielsweise, der schön menschlich sein soll, ist nicht frei von Schuld. Einst nahm er an, für seine Freundin und künftige Gattin interessiere sich ein Genosse. Als man in der Parteisitzung nach

Kandidaten für Sinologie-Studien in Peking Ausschau hielt, schlug er
den vermeintlichen Nebenbuhler vor und gleich auch eine Kollegin,
mit der man ihn verheiraten könnte – denn die Chinesen wünschten,
daß die Stipendien ein Ehepaar erhält. Zwar erweist es sich nach
Jahren, daß seine Intrige ausschließlich Gutes bewirkt hat, aber da es
persönliche Motive waren, die den so feinfühligen und seelenvollen
Iswall handeln ließen, leidet er unaufhörlich weiter und genießt seine
moralischen Skrupel. Ist Kant naiv? Nein, er tut nur so – aus taktischen Gründen.

Allerdings fasziniert den Helden der *Aula* nicht nur die eigene
Schuld, sondern auch das Schicksal des einstigen Kommilitonen Riek,
genannt Quasi, der, nachdem er die Arbeiter- und Bauernfakultät
absolviert hatte, in die Bundesrepublik geflohen war. Ein Schuft? Im
Gegenteil, ein Mann mit einem »Herzen aus Vollkornbrot«. Für Iswall
ist dieser Quasi »ein Rätsel, eine Niederlage, ein böses Wunder«.

Und Kant läßt seinen Helden über jene Flucht von 1952 so häufig
und so ausführlich meditieren, als hätte man es mit einem außerge-
wöhnlichen Faktum zu tun – wo doch in den fünfziger Jahren
Hunderttausende in den Westen flohen, gerade nach dem Abitur oder
nach den Studien. Auf den letzten Seiten löst sich auch diese Frage fast
in Wohlgefallen auf: Einigen Andeutungen kann man entnehmen, daß
der feine Junge kein richtiger Flüchtling war, sondern sich möglicher-
weise im Auftrag der DDR-Behörden abgesetzt hat.

So macht sich Kant die Einsicht zunutze, daß es im 20. Jahrhundert
den Romanciers nicht gut ansteht, Allwissenheit vorzutäuschen, wie es
noch Gorki oder Scholochow versucht haben. Auch andere Mittel des
Romans unserer Epoche, die in der DDR als einigermaßen verwegen
gelten – zwei Perspektiven, innere Monologe, Rückblendetechnik,
Assoziationsketten –, werden hier häufig und nicht einmal besonders
ungeschickt angewandt. Dennoch ist das Ganze bieder wie ein Buch
für Jugendliche, zumal weiblichen Geschlechts.

Als der Journalist Iswall einmal die Geschichte einer DDR-Autorin
rezensierte, hat er sich »vor allem über die polierten Charaktere . . .
geärgert; sie waren so ebenmäßig wie Billardkugeln und rollten genau
dahin, wo (die Autorin) sie haben wollte. Dazu gehört natürlich auch
schon etwas . . ., aber es war eben Billard, angewandte Mathematik,
und es klappte nur, weil die Kugeln glatt waren und auf einer samtbe-

zogenen Fläche rollten«.

Genau das trifft auch auf *Die Aula* von Hermann Kant zu. Nur daß sein Billardspiel intelligenter und besser konstruiert ist. Und daß am Ende – trotz allem – ein leises Gefühl der Dankbarkeit bleibt: Denn gelangweilt habe ich mich nicht.

(1966)

Die zusammengelegte Schlauheit
Hermann Kant, *Das Impressum*

Ein Schriftsteller nicht ohne Talent und mit viel Routine, ein wendiger und witziger, wenn auch meist vordergründiger Erzähler, einer, der sich mit forscher Miene sehr unabhängig gibt und der doch nur die SED-Propaganda ausschmückt – das etwa war der Eindruck, den Hermann Kants populärer Roman *Die Aula* (1965) hinterließ.

Wer an diesem Buch Geschmack fand, der wird sein neues Werk, den Roman *Das Impressum*[1], mit noch größerem Vergnügen lesen. Jene freilich, denen Kants schnoddrig-amüsante Zubereitung der Zeitgeschichte schon damals bedenklich vorkam, werden *Das Impressum* erst recht ablehnen. Denn es handelt sich hierbei zunächst einmal um eine ziemlich skrupellose Reprise.

Wieder steht im Mittelpunkt ein tüchtiger Ostberliner Journalist, den ein aktueller Anlaß – er soll Minister werden – zwingt, sein bisheriges Leben zu überdenken, wieder soll der Weg des Kantschen Helden – diesmal ist es der Aufstieg eines Laufjungen zum Chefredakteur einer großen Illustrierten – die historische Entwicklung in der DDR veranschaulichen, wieder wird ein beträchtlicher Teil des Buches mit mehr oder weniger heiteren Jugenderinnerungen, zumal aus der Zeit des »Dritten Reichs«, gefüllt. Auch die Komposition ist eine Reprise: Abermals dient die biographische Fabel vor allem als Vorwand und Verpackung für eine Anzahl von Anekdoten und Schnurren, Reportagen und Skizzen, Satiren, Genrebildern und Parodien.

Seine Figuren charakterisiert Kant am liebsten mit stereotypen Redewendungen. »Das wird nun etwas komplex« – meint ein Redakteur bei jeder Gelegenheit; ein anderer redet immer von »vorgefundenen Menschen«, ein dritter beendet seine Äußerungen regelmäßig mit der Feststellung »sonst wird nischt«, ein sowjetischer Major wiederholt refrainartig die Worte: »Fritze, ach! Fritze Andermann.« Komisch? Nicht unbedingt, aber die Personen sind immerhin leicht erkennbar.

Die meisten stammen aus dem schon traditionellen Fundus der DDR-Literatur. Während der Lektüre muß man unaufhörlich den Hut lüften: Da gibt es wieder die allzu herbe Sekretärin, die hinter der rauhen Schale das natürlich auf dem rechten Fleck befindliche Herz verbirgt; da haben wir die mütterlich strenge, doch gütig verständnisvolle Altkommunistin, die stets von der heroischen Vergangenheit erzählen will; auch der polternde, aber joviale und weise sowjetische Besatzungsoffizier, der Heine und Tucholsky liebt, ist ebenso wieder da wie die aufopferungsvolle Personalchefin, die zwar gefährdete Ehen repariert, indes mit ihrem eigenen Mann Schwierigkeiten hat.

Doch in mancherlei Hinsicht übertrifft *Das Impressum* den ersten Roman Kants. Er greift gern auf alte Schablonen zurück, gleichwohl versteht er vom Handwerk des Erzählens sehr viel. Wir haben heutzutage – sowohl im Osten als auch im Westen – nur sehr wenige deutsche Autoren, die ihre Sache so leicht und unterhaltsam vorbringen können und die so souverän mit Pointen und Effekten umzugehen wissen. Kant ist ein exakter Beobachter und ein vorzüglicher Spaßmacher. Er verfügt über ein authentisches Fabuliertemperament, er verbindet eine oft skurrile und bisweilen an Grass erinnernde (genauer: Grass verpflichtete) Phantasie mit einem nicht zu unterschätzenden Sprachgefühl, das vor allem seinen Dialogen zugute kommt.

Und mag auch *Das Impressum* in viele einzelne Stücke zerfallen – was übrigens auf die wichtigeren westdeutschen Romane im letzten Jahrzehnt ebenfalls zutrifft –, so ist hier doch jede Episode solide gearbeitet, jede Szene zeugt rühmlich von den dramaturgischen Fähigkeiten dieses Erzählers. Ob man ihm glaubt oder nicht, er schafft es fast immer, daß man ihm freiwillig zuhört. Wer die zeitgenössische deutsche Prosa kennt, der weiß, daß dies schon eine sehr beachtliche Leistung ist. Ich betone das so nachdrücklich, weil es mir andererseits schwerfällt, das *Impressum* ganz ernst zu nehmen.

Einen alten, erprobten und mit besonders viel Sympathie gezeichneten Kommunisten läßt Kant einmal sagen: »Für deine Extratouren habe ich viel übrig, aber eines . . . ist für einen Genossen die furchtbarste Scheiße, in die er geraten kann: daß er meint, er ist schlauer als die Partei.« Denn die Partei sei »die zusammengelegte Schlauheit«. Dieser Satz, der in dem Buch *Impressum* unwidersprochen bleibt, verweist nicht nur auf die gedanklichen Positionen des Romanciers Kant, sondern auch auf die Grenzen seiner literarischen Intentionen.

Natürlich ist Kant nicht der Typ des gläubigen Kommunisten: Er, der den Stalinismus in der DDR sehr bewußt miterlebt hat, kann sich

über die Unfehlbarkeit der Partei keine Illusionen machen. Gleichwohl scheint es ihm richtig oder opportun, an diesem Dogma festzu-
halten: Sein Bild vom Leben in der DDR entspricht tatsächlich jener
»zusammengelegten Schlauheit«. Die von der Partei sanktionierte
Sicht wird ins Epische transponiert und mit Hilfe von (meist überaus
bescheidenen) »Extratouren« gewürzt.

Gewiß, nicht alles funktioniert in der DDR einwandfrei. Ein Schla-
raffenland ist sie nicht, wieder aber – wie einst in der *Aula* – ein Land
des Lächelns. Eine saubere und heile Welt wird hier entworfen, ein
Alltag wird gezeigt, den stets eine Art Pfadfinderethik regelt. Die
auftretenden Personen – ob jung oder alt, ob Bote oder Minister –
haben viele Schwächen und Schrullen, zuweilen unterlaufen ihnen
sogar schlimme Fehler. Dennoch sind es ausnahmslos liebe und tapfere
und fleißige Menschen. Sie helfen sich immer gegenseitig, und für ihr
sozialistisches Vaterland kennen sie alle nur die herzlichsten Gefühle.

Kants Held David Groth erweist sich als ein fabelhafter Chef und
großartiger Kollege, ein rührender Ehemann und Familienvater. Er ist
ein ganzer Kerl, immer zu Scherzen aufgelegt, und wenn es darauf
ankommt, kann er einem Westberliner Polizisten nicht nur richtig
Bescheid sagen, sondern auch einen kräftigen Faustschlag versetzen.
Und zu den Muckern gehört dieser Groth keineswegs: Was die
Mädchen betrifft, jawohl, da ist er durchaus aktiv. Aber Kant gönnt
seinem nunmehr immerhin vierzigjährigen Journalisten erotische Es-
kapaden lediglich in seiner Jugend: Seit er verheiratet ist – und er ist es
schon seit mindestens fünfzehn Jahren –, gibt es in seinem Leben keine
Seitensprünge. Auch das Eheleben ist in der DDR sauber.

Kann man denn diesem Groth, diesem mit einigen Tropfen He-
mingway-Parfüm attraktiv gemachten Ideal eines DDR-Bürgers par-
tout nichts vorwerfen? Doch, er hat von der monatelangen Krankheit
eines Freundes nichts gemerkt. Denn der Held des *Impressum* arbeitet
zuviel. Das ist seine einzige nennenswerte Untugend.

Alles Heikle in der Entwicklung der DDR wird hier entweder
ausgespart oder liebevoll verniedlicht. Wie Kant mit der Stalin-Ver-
herrlichung fertig wird, scheint mir typisch für das ganze Buch. Auf
dem Ostberliner Marx-Engels-Platz tanzen viele Jugendfreunde, die
sich gerne fotografieren lassen möchten. Aber es ist dort allzu dunkel,
da die Scheinwerfer nur das riesige Stalinbild anstrahlen. Indes genügt

eine Bitte an die sowjetischen Soldaten, und siehe, »alle vier Scheinwerfer senkten sich herab, und auf der gepflasterten Erde wurde Tag«. Und das Ganze löst sich in Tanz und Wohlgefallen auf.

Auf ähnlich symbolische Weise kommt Kant mit dem 17. Juni zu Rande: Im Kampf gegen die westlichen Agenten in Maurerhosen – denn natürlich waren es vor allem Agenten, die damals rebellierten –, finden sie zueinander, der feine David Groth und eine kecke und schmucke Fotografin, seine künftige Frau.

Es ist im *Impressum* einmal die Rede vom »Widerspruch zwischen Schein und Sein, zwischen Anspruch und Erfüllung, zwischen Abbild und Wesen«. Dies in der Tat ist der Widerspruch, den Kant permanent verharmlost und verkleistert. Der aus verschiedenen Gründen so schwer darstellbaren Realität weicht er aus: Er behilft sich mit Anekdoten und Histörchen. Die Schnurre ist sein Rettungsring.

Auch der Roman *Nachdenken über Christa T.* – um mich hier auf dieses eine Beispiel zu beschränken – ist ein Bekenntnis der Autorin Christa Wolf zum Kommunismus und trotz mancher Bedenken auch zur DDR. Christa Wolf hat jedoch versucht – und es ist ihr dies zum großen Teil gelungen –, mit den Mitteln des Epikers in Bereiche des Lebens vorzustoßen, die nur der Schriftsteller, der Künstler erkunden und bewußt machen kann.

Dem Erzähler Kant hingegen genügt es, eine bereits vorgeprägte und hinlänglich bekannte Sicht noch einmal episch zu exemplifizieren. Er macht es, wie gesagt, nicht ungeschickt, nur will mir scheinen, daß er sich – aus welchen Gründen auch immer – weit unter Preis verkauft. Er verzichtet auf die Möglichkeiten der Literatur. Er trägt dazu bei, daß sie degradiert wird. Denn der Literatur wird von Kant nicht etwa eine erkennende oder entdeckende Funktion zugebilligt und abverlangt, sondern nur noch eine illustrierende.

So gerät der Romancier, der mit der Miene eines burschikosen Einzelgängers doch nur der »zusammengelegten Schlauheit« der Partei folgt, unversehens in die Nähe jener westdeutschen Unterhaltungsliteratur, die das Bild des Lebens in der Bundesrepublik ebenfalls konsequent beschönigt und verfälscht. Vorher war von Grass die Rede. Man sollte dies etwas präzisieren: Kants *Impressum* ist eine Mischung aus Grass und Simmel plus SED-Propaganda.

(1972)

Zwei verschiedene Schuhe
Günter de Bruyn, *Die Preisverleihung*

Von den Arbeitern und Bauern haben die Schriftsteller des Arbeiter- und Bauernstaates offenbar genug. Zwar schätzen sie, wie sie bei verschiedenen Gelegenheiten nachdrücklich versichern, sowohl die einen als auch die anderen ganz außerordentlich. Aber nicht mit ihnen befassen sie sich in ihren Romanen und Geschichten, sondern immer wieder mit den Repräsentanten ganz anderer Milieus. Welcher?

In Christa Wolfs *Nachdenken über Christa T.* (1968) geht es um eine Germanistin. Im Mittelpunkt des Romans *Impressum* (1972) von Hermann Kant steht – ähnlich wie in seinem vorangegangenen Buch *Die Aula* (1966) – ein Journalist. Der fragwürdige Held des Romans *Irreführung der Behörden* (1973) von Jurek Becker ist ein Schriftsteller. Ebenfalls um einen Schriftsteller, nämlich um Daniel Defoe, handelt es sich in Stefan Heyms *Schmähschrift* (1970). In seinem Roman *Der König David Bericht* (1972) erzählt Heym vom Schicksal eines Historikers. Anna Seghers läßt in ihrer neuesten Geschichte (*Die Reisebegegnung*, 1973) gleich drei Schriftsteller auftreten: E. T. A. Hoffmann, Gogol und Kafka. In Günter Kunerts *Gast aus England* (1973) hören wir von den Abenteuern eines Verlagslektors. Die Lebensgeschichte eines Bildhauers bietet Rolf Schneiders Roman *Der Tod des Nibelungen* (1970), Literaten sind die Protagonisten der meisten Geschichten seines Erzählungsbandes *Nekrolog* (1973). In Günter de Bruyns Roman *Die Preisverleihung* (1973) ist abermals ein Germanist die Zentralfigur, als sein Gegenspieler fungiert ein Schriftsteller. Und wenn ein DDR-Autor uns mal einen richtigen jungen Arbeiter zeigt – ich meine *Die neuen Leiden des jungen W.* von Ulrich Plenzdorf (1973) –, dann erweist es sich, daß er aus der Fabrik ausgerissen ist und daß er sich, statt von der Produktion zu reden, meist doch über Literatur verbreitet, über Goethes *Werther* und Salingers *Fänger im Roggen*.

Wie man sieht, spielen die Romane und Erzählungen der DDR-Autoren in der Regel nicht mehr da, wo sie im Sinne der langjährigen und hartnäckigen Empfehlungen der SED vor allem spielen sollten – also nicht in Stahlwerken und landwirtschaftlichen Produktionsgenossenschaften, nicht in Werften und Kohlenbergwerken, sondern unter Intellektuellen und Künstlern, zumal unter solchen, die mit der Literatur beruflich zu tun haben.

Den immer deutlicher werdenden Trend beobachtet die Partei natürlich sehr mißtrauisch: Sie hat in der Tat triftige Gründe, diese Entwicklung zu beanstanden und zumindest in Grenzen zu halten. Es geht keineswegs nur darum, daß die immer wieder geforderten literarischen Arbeiten aus der Fabrikwelt und über die landwirtschaftliche Produktion nach wie vor fehlen – wobei allerdings noch zu fragen wäre, wem sie eigentlich, von den Kulturfunktionären abgesehen, denn fehlen, da jedenfalls die Arbeiter und Bauern, sofern sie überhaupt Zeit und Lust haben, Romane zu lesen, auf solche aus dem Leben von Arbeitern und Bauern nicht sonderlich erpicht sind.

Aber zugleich haben die DDR-Bücher, in denen Fragen der Gegenwart am Beispiel der Schriftsteller, Germanisten und Lektoren abgehandelt werden, eine von der Kulturpolitik der SED verständlicherweise sehr ungern gesehene Eigentümlichkeit: Wenn sie nicht gar eine direkte Kritik der Prinzipien des Sozialistischen Realismus enthalten, so laufen sie zumindest auf eine mehr oder weniger getarnte Auseinandersetzung mit den Praktiken eben dieser Kulturpolitik hinaus.

Während jedoch derartige Tendenzen eines Teils der DDR-Literatur früher entweder schon von den Verlagen abgewehrt oder von der parteiergebenen Kritik scharf gerügt wurden, geht man heute mit den unfügsamen und starrköpfigen Autoren ungleich vorsichtiger um. Typisch ist in dieser Hinsicht ein in der *Neuen Deutschen Literatur*, dem Organ des DDR-Schriftstellerverbandes, publizierter Artikel des Kritikers Heinz Plavius. Die Literatur der DDR, heißt es da, leide an »Wirklichkeitsverlust«, ihr »Themenhaushalt« sei nicht ausgeglichen, da man es »mit einem starken Akzent auf dem akademischen Milieu zu tun« habe: »Stoff, Handlung und Thema vieler Romane entstammen sehr häufig dem intellektuellen Bereich.« Hingegen vernachlässige diese Literatur »den großen Gegenstand Arbeiterklasse«. Doch sei damit – wie der Kritiker eilig hinzufügt – nicht etwa »eine Vereinseitigung nach der anderen Seite beabsichtigt«.[1]

»Wirklichkeitsverlust«? Das mag schon zutreffen. Doch scheint es mir leichtsinnig und vielleicht auch ein wenig heuchlerisch, die Ursache dieses Verlusts mit den Berufen der Helden der DDR-Romane erklären zu wollen. Nein, es sind nicht die von den Schriftstellern bevorzugten Milieus und Stoffe, die den »Wirklichkeitsverlust« zur Folge hatten und haben, sondern Umstände ganz anderer Art. Und Plavius weiß das natürlich ebensogut wie jeder andere, der einige Zeit am literarischen Leben der DDR teilnahm.

Auf diesem Hintergrund ist Günter de Bruyns neuer Roman, *Die Preisverleihung*[2], symptomatisch und aufschlußreich, weil er nicht nur von dem in der DDR-Literatur seit einigen Jahren auffallenden Trend zeugt, sondern weil er zugleich die Gründe des »Wirklichkeitsverlusts« unmißverständlich zu benennen sucht und weil er schließlich diesen Verlust auch noch selber demonstriert.

De Bruyn, ein Berliner des Jahrgangs 1926, verdankt den Ruf, einer der besten DDR-Prosaisten seiner Generation zu sein, vor allem dem Roman *Buridans Esel* (1968), der drüben sehr erfolgreich war und in der Bundesrepublik betont freundlich aufgenommen wurde. Allerdings las man ihn hier vornehmlich als »Nachricht aus Ostberlin« – diese Formulierung fand sich auf dem Schutzumschlag der westdeutschen Ausgabe unmittelbar nach den Worten »Biographie eines Ehebruchs« –, ohne das epische Talent de Bruyns übermäßig ernst zu nehmen. In der DDR hingegen hielt man es für angebracht, ihn gleich als einen meisterhaften Romancier in der Nachfolge von Jean Paul und Fontane zu rühmen.[3]

Mit der *Preisverleihung* scheint de Bruyn insofern an sein Erfolgsbuch anknüpfen zu wollen, als uns wieder eine flott erzählte und mit vielen psychologischen Details angereicherte Dreiecksgeschichte aufgetischt wird. Waren es aber damals ein Herr und zwei Damen (ein Bibliotheksleiter, seine Ehefrau und seine Sekretärin), so sind es diesmal zwei Herrn und eine Dame: Doktor Overbeck, ein an der Ostberliner Universität tätiger Literaturdozent, seine Frau Irene, eine nicht nur attraktive, sondern auch gescheite Dolmetscherin, und ihr gemeinsamer Freund, Paul Schuster, ein Schriftsteller.

Doch was sich zwischen ihnen abgespielt hat, liegt schon achtzehn Jahre zurück; de Bruyn zeigt es lediglich in Erinnerungen seiner Figuren und in einigen Rückblenden. Ausgelöst wird das Ganze durch die jetzt – um 1970 – bevorstehende Verleihung eines Literaturpreises: Schuster hat ihn erhalten, Overbeck soll den preisgekrönten Freund in einer Rede feiern. So kommt es zum Treffen der drei Personen, bei dem noch eine vierte eine nicht unwichtige Rolle spielt: die siebzehn-jährige Tochter der Overbecks, deren Vater in Wirklichkeit Haus-freund Schuster ist.

Aber sie alle haben sich – trotz der Verwicklungen in Vergangenheit und Gegenwart – nicht sehr viel zu sagen: Die vom Autor verhältnis-mäßig sorgfältig vorbereiteten Begegnungen und Wiederbegegnungen bleiben merkwürdigerweise ziemlich unergiebig, die Rückblenden sind knapp und auch eher flüchtig. Gleichwohl leuchtet es ein, daß die Geschichte des Ehepaars Overbeck und des preisgekrönten Schriftstel-lers auf zwei Zeitebenen mit einer Distanz von achtzehn Jahren gezeigt wird. Mehr noch: Nur mit Hilfe von Rückblenden in die fünfziger Jahre konnte de Bruyn in diesem scheinbar überaus harmlosen Buch sagen, was er sagen wollte.

Denn mag er auch von Liebe, Ehe und Freundschaft, von der Aufsässigkeit der Jugendlichen und von der Bequemlichkeit der Er-wachsenen, von veränderten gesellschaftlichen Verhältnissen und von keineswegs veränderten gesellschaftlichen Konventionen erzählen – das einzige Thema, das den meist munter plaudernden Autor des Romans *Die Preisverleihung* aus der Reserve lockt und von dem er mit unverkennbarem Engagement spricht, lautet: die Bevormundung der Literatur in der DDR.

An das Buch, das er in seiner Laudatio rühmen soll, glaubt Over-beck keinen Augenblick. Nur daß er es mitverschuldet hat. Es ist schon vor achtzehn Jahren entstanden, und damals hatte der junge Germanist und künftige Dozent auf den noch ganz unsicheren Anfän-ger Schuster einen starken und verhängnisvollen Einfluß. Er zwang ihn, sein Manuskript immer wieder umzuschreiben: »Anstatt die chaotische Welt, die er entworfen hatte, zu ordnen, baute ich ihm eine andere auf, eine vorgeformte, in der alles aufging. Aus erschreckenden Dissonanzen wurden gefällige Harmonien, schreiende Farben wurden abgedeckt, gefährliche Tiefen mit nichtssagenden Worten gefüllt. Alles wurde glatt und richtig, langweilig und farblos.«

Overbeck war – heißt es – »von einer Literatur beeindruckt, die den Zugang zur Wirklichkeit mehr verbaute als eröffnete, umgab sich mit Leuten, die wie er Wunschvorstellungen für Realität, Realität für Schönheitsfehler hielten ...« Es ist die Rede vom »Labyrinth der Halbwahrheiten, das entsteht, wenn Urteile ausgesprochen werden müssen, die nicht die eignen sind«. Sachlich schildert de Bruyn, wie Schuster von seinen Auftraggebern systematisch korrumpiert wurde. Als er eine Reportage über eine landwirtschaftliche Produktionsgenossenschaft geschrieben hatte, bekam er vom zuständigen Redakteur zu hören: »Du siehst die Dinge, wie sie sind, uns interessiert aber, wie sie werden.« Und: »Den kleinbürgerlichen Ehrgeiz, eigne Urteile zu bilden, solltest du dem Grundsatz opfern, daß Urteilen Sache derer ist, die den größten Überblick haben.«

De Bruyn scheut sich auch nicht, die fatalen Folgen des auf Schuster ausgeübten Drucks beim Namen zu nennen: Die Redakteure hatten in seinen Manuskripten immer weniger zu streichen oder zu bearbeiten, da es ihm gelang, »zwischen sich als Beobachter und sich als Schreiber ein Sieb zu schieben, das nur Erwünschtes durchließ. Später wurde das Sieb überflüssig, da er für bestimmte Seiten der Wirklichkeit erblindete ... Er suchte nicht mehr nach Worten, er hatte Schablonen parat ...« Schließlich wird das preisgekrönte Buch als »das eines mißgeleiteten Talents« bezeichnet, »dem Grenzen jeglicher Art mehr bedeuten als die Pflichten des Autors, ihrer zu spotten ...«

Eine Anklage also, klar und unsentimental. Gegen wen ist sie gerichtet? Natürlich nicht gegen den erfolgreichen Autor Paul Schuster, den de Bruyn halb ironisch und halb mitleidig betrachtet. Doch auch Overbeck und die Lektoren und Redakteure, sie alle, die sich so intensiv bemüht haben, aus dem angehenden Schriftsteller ein Werkzeug der SED-Propaganda zu machen, erscheinen hier eher als Opfer einer borniert und im Grunde gänzlich kunstfeindlichen Kulturpolitik. Der von gestern und vorgestern? So will es scheinen. Schusters literarischer Start liegt ja mit allen seinen fatalen Begleitumständen achtzehn Jahre zurück.

Gehört also *Die Preisverleihung* zu jenen in der kommunistischen Welt längst üblichen Romanen, welche die Verhältnisse in der unmittelbaren Gegenwart konsequent in eine vergangene Periode projizieren? Dies ermöglicht immerhin die Auslegung, es handle sich lediglich um zwar einst existierende, doch inzwischen bereits überwundene Mißstände. In der Tat beziehen sich die heftigsten Attacken in diesem Buch auf die Kulturpolitik der SED in den fünfziger Jahren. So wird es auch plausibel, daß de Bruyn für die Handlung seines Romans zwei Zeitebenen benötigt hat.

Aber zugleich läßt er keine Zweifel aufkommen, daß dies alles, was ihn so aufregt, seine Aktualität kaum eingebüßt hat: Schuster ist mit seiner verlogenen Literatur nach wie vor erfolgreich, sein vor achtzehn Jahren geschriebener oder zumindest konzipierter Schmöker wird gerade jetzt offiziell ausgezeichnet, und von Overbecks schüchternem Vorschlag, in der Laudatio die Fragwürdigkeit des preisgekrönten Romans wenigstens anzudeuten, will sein Chef, ein Professor der Germanistik, natürlich nichts wissen. Niemand kann de Bruyn vorwerfen, er habe jene, die für das literarische Leben der DDR von heute verantwortlich sind, etwa ausgespart oder auch nur geschont.

Und wenn sein Held Overbeck erklärt, »daß es zwar bequem, aber dumm ist, einmal gefundene Wahrheiten wie ewige zu behandeln«, und daß man »stets alle Warum-, Wieso-, Inwiefern-Fragen« zulassen sollte, so sind das für den westlichen Leser Weisheiten von kaum noch zu überbietender Banalität. In der DDR scheint es jedoch dringend erforderlich, derartige Sätze zu schreiben, ja, sie klingen schon nahezu aufrührerisch. »Das Buch provoziert. Die Provokation ist ein eindringlicher Appell an uns, mögliche Konflikte auszutragen und nicht zu verschleiern« – urteilte der Ostberliner *Sonntag* über *Die Preisverleihung.*[4]

Wie verheerend die Folgen der von de Bruyn kritisierten Gängelung der Schriftsteller in der DDR sind, das läßt, allerdings höchst unfreiwillig, auch sein eigener Roman erkennen. Befragt, wie er zur Literatur gekommen sei, erinnerte er sich an seine frühesten Leseeindrücke, nämlich an »idyllische Märchen von Matthiessen«: »Die Zwerge, Riesen, Kartoffelkönige, Uhrenmännchen und sogar die Hexen waren gutartig und freundlich . . .«[5] So ist es auch in der *Preisverleihung*: Die Menschen sind hier allesamt gutartig und freundlich.

Die ernste Abrechnung mit der Kulturpolitik der Partei ist in eine Geschichte eingebettet, die aus dem Alltag in Ostberlin ein idyllisches Märchen macht, ein gemütliches Genrebild, das mit der Realität und mit unserer Zeit kaum mehr gemein hat als die von de Bruyn mißbilligten, schablonenhaft-optimistischen Darstellungen der DDR-Welt. Wird ein Konflikt angedeutet, so bemüht sich der Autor der *Preisverleihung*, ihn rasch wieder zu eliminieren, oder er läßt ihn irgendwann einfach unter den Tisch fallen.

Natürlich haben die Menschen, von denen er erzählt, allerlei (freilich eher liebenswürdige) Schwächen, und sie sind auch nicht frei von kleineren und größeren Sorgen. Doch abgesehen davon, daß die Arbeit der Schriftsteller leider von Instanzen gestört wird, die es zwar gut meinen, die aber dennoch Unheil anrichten, ist diese Welt eigentlich vollkommen: Man freut sich des Lebens, man ist nett zueinander. Über Frau Overbeck: »In ihr ist Ruhe und Fröhlichkeit genug, um anderen davon abzugeben.« Und: »Sie ist hinreißend, wenn ihr stets brennendes Interesse an anderen Leuten ihre Phantasie schweifen läßt.« Über die Ehe der Overbecks: »Sie haben nur ein Bett; nicht aus Sparsamkeit oder Platzmangel, sondern weil sie nur eins brauchen.« Sicher, man ärgert sich über dies und jenes, aber man hilft sich gegenseitig: »So war das immer in ihrer Ehe: Was der eine nicht kann, kann der andere.«

Auch was das Erotische betrifft, hat alles seine Ordnung. Einen Polen gibt es hier, und wie ein Pole ist, das weiß der Leser gewisser deutscher Romane längst: charmant, etwas unseriös, leidenschaftlich und sehr verführerisch. Dieser hier möchte die Dienste der Frau Overbeck nicht nur als Dolmetscherin in Anspruch nehmen. Indes hat der leichtsinnige Pole die Tugend einer DDR-Bürgerin unterschätzt: »›Enttäuschen Sie mich nicht!‹ – ›Inwiefern?‹ will er wissen. – ›Sie wissen es genau!‹« Etwas weiter kommt der hartnäckige Pole erneut auf das bewußte Thema zu sprechen: »›Mir ist es ernst!‹ – ›Das eben werfe ich Ihnen vor.‹ – ›Sie sind grausam, Irene!‹ – ›Ich bin erwachsen. Deshalb weiß ich, daß das, was Sie Ernst nennen, auf die lange Trennung von Ihrer Frau zurückzuführen ist.‹ – ›Wollen Sie mich beleidigen?‹«

Erstaunlich immerhin, mit welcher Unbefangenheit ein in der DDR so geschätzter Erzähler sich auch noch der plumpesten Ausdrucksmittel bedient. Das fängt schon mit den Namen seiner Figuren an: Wie der schlechte Schriftsteller hier »Schuster« heißt, so ein liebenswert-skurriler Mann »Krautwurst« und ein kühner Motorsportler »Ungewitter«. Die meisten Gestalten haben ihre Erkennungszeichen: Die eine beginnt ihre Sätze gern mit der Wendung »Auf deutsch gesagt«, einer erzählt bei jeder Gelegenheit Witze (und zwar schlechte), und Overbeck selber, der Wissenschaftler und Beinahe-Professor, ist natürlich, was ein Wissenschaftler und Professor in solchen Romanen ein für allemal zu sein hat: weltfremd und zerstreut.

Holzhammer-Symbolik liebt de Bruyn ebenfalls. »Die letzten Strahlen der untergehenden Sonne fallen durch offene Fenster auf Mutter und Tochter . . .« Und jedermann ist also darauf vorbereitet, daß mit dem jetzt zwischen den beiden folgenden Gespräch etwas untergeht und abgeschlossen wird – nämlich die Kindheit der Tochter.

Ein symbolisches Motiv, das auch komisch sein soll, zielt auf die zentrale Frage des Buches ab: Der zerstreute Doktor Overbeck hat zur Feier, auf der er seine heikle Laudatio halten muß, zwei verschiedene Schuhe angezogen. So möchte er einerseits seiner Partei dienen und ihre Weisungen ausführen, während er andererseits doch (jedenfalls wird dies vom Autor behauptet) literarischen Geschmack und ein künstlerisches Gewissen hat. Aber sein Versuch, in der Rede das eine mit dem anderen in Einklang zu bringen, scheitert kläglich. Vielleicht auch deshalb, weil er während dieser Feier unentwegt daran denken muß, daß er zwei verschiedene Schuhe trägt? Wollte gar de Bruyn mit diesen Schuhen nicht nur die beiden Standpunkte symbolisieren, sondern zugleich sagen, daß man der Lächerlichkeit nur entgehen kann, wenn man sich von dem einen oder von dem anderen trennt?

Wie auch immer: So sympathisch und wichtig der Protest gegen die Bevormundung der Schriftsteller, so fragwürdig wird er, weil der Roman, der ihn artikuliert, an eine Tradition anknüpft, auf die stolz zu sein kein besonderer Anlaß besteht. In der Nachfolge von Jean Paul und Fontane? Was sollen die großen Namen, wenn schon ein Vergleich mit zeitgenössischen DDR-Erzählern – mit Günter Kunert etwa oder Jurek Becker oder gar mit Christa Wolf – gänzlich abwegig wäre, weil Günter de Bruyn streckenweise nichts anderes zu bieten hat als simple Trivialliteratur.

Daß *Die Preisverleihung* dennoch – zumindest als »Nachricht aus Ostberlin« – zu den immerhin bemerkenswerten Dokumenten der DDR-Prosa des vergangenen Jahres gehört, macht allerdings erneut deutlich, wie karg die Ernte dort ist. Nur daß es hier in der Bundesrepublik in dieser Hinsicht nun auch nicht viel besser aussieht. Aber das ist schon eine ganz andere Geschichte.

(1973)

Oskar Schlemihl aus Helsingör
Günter Kunert, *Im Namen der Hüte*

Ein deutscher Jüngling knöpft seine Hose auf – in durchaus prosaischer Absicht zwar, aber an einem nicht ganz alltäglichen Ort: Er steht unter einem mächtigen Portikus mit der noch entzifferbaren Inschrift »Dem deutschen Volke«. Zu sehen sei dieses Volk – lesen wir – »unten vor den Säulen, wo es zum ersten Male in seiner Geschichte selbständig handelt, wenn auch nur mit amerikanischen Zigaretten und Kartoffelsprit«.

Obwohl jener Jüngling glaubt, er befinde sich in einer »überdimensionalen Bedürfnisanstalt, die auf solche Art die Bedürfnisse des an ihrer Stirnseite namhaft gemachten Volkes befriedigt«, wird er doch »von der Ausübung dringlicher Notwendigkeit abgehalten«: Plötzlich erblickt er die vor ihm auf der Erde liegende Leiche eines erschlagenen Mannes. Und da der Jüngling mit überirdischen Fähigkeiten gesegnet ist, erkennt er sofort, was ihm sonst verborgen geblieben wäre: Der hier wenige Tage oder Wochen nach Kriegsschluß von einem Nazi ermordet wurde, ist kein anderer als sein eigener Vater, ein Jude, der in einem Versteck überleben konnte und den der Sohn, ein uneheliches Kind, nie gekannt hat.

So ungewöhnlich beginnt ein neuer deutscher Roman, ein ebenso merkwürdiges wie fragwürdiges, ebenso wunderliches wie leider auch ärgerliches Buch: Günter Kunerts *Im Namen der Hüte*.[1] Dem makabren Prolog in der angeblich nur noch als Abort nützlichen Reichstagsruine entspricht der nicht weniger, wenn auch auf ganz andere Weise makabre Epilog des Romans: eine unheimliche und skurrile Kundgebung vor der Ruine des überflüssig gewordenen Potsdamer Bahnhofs. Dazwischen liegen sechs oder sieben Jahre und viele Szenen, die alle in Berlin spielen und häufig, wie die erste und die letzte, in unmittelbarer Nähe der Sektorengrenze.

Haben wir es also mit einem politischen Roman zu tun, mit einem Ost-West-Buch etwa? Jedenfalls kümmert sich Henry, der junge Mann, von dem Kunert erzählt, um Politik und Weltgeschichte herzlich wenig; nur daß sich Politik und Weltgeschichte oft um ihn kümmern.

Zunächst ist es Großdeutschland, das freilich nur noch »von der Kleinen Frankfurter bis an das Pissoir Greifswalder Ecke Elbinger« reicht, das die Dienste des »unehelichen Volkssturmgardisten« beansprucht. Mitten im Endkampf merkt er zu seiner Verblüffung, daß er über die Gabe verfügt, »aufbewahrte Denkvorgänge aufzunehmen und nachvollziehen zu können«: Wessen Hut oder Mütze oder Helm er sich aufsetzt, dessen gedachte Gedanken kann er lesen. Dies ermöglicht ihm, sich im rechten Augenblick vom Volkssturm abzusetzen und in den Armen einer üppigen Kriegerswitwe zu landen. Sie lehrt den Halbwüchsigen die Liebe und kommt dabei selber auf ihre Rechnung.

Es folgt die Nachkriegszeit, von der es heißt: »Gas ist rationiert. Strom ist rationiert. Leben ist rationiert. Man muß sich sein Teil stehlen.« Das versucht denn auch Henry mit Humor und mit Temperament. Er betätigt sich auf dem Schwarzmarkt, den Besatzungsbehörden spielt er manchen Streich, er wird berühmt als Hellseher und als »Gedankenprüfer«. Ja, manche halten ihn sogar, vorübergehend wenigstens, für einen Propheten.

Günter Kunert, geboren in jenem Jahre 1929, in dem auch Enzensberger, Lettau und Rühmkorf das Licht der Welt erblickten – und er hat mit ihnen mehr gemein, als man auf den ersten Blick sehen kann –, ist ein Ostberliner Autor ohne Scheuklappen, ein deutscher Lyriker mit Verstand, ein Artist mit Phantasie und Verantwortungsgefühl. Im Osten wird er geachtet und beargwöhnt, im Westen geschätzt und wenig gelesen.

Vor allem aber: ein ernster Mann mit Talent, der arbeiten kann und der weiß, was er will. Natürlich wußte er auch sehr genau, was er in und mit diesem Roman zeigen, erreichen und bewirken und was er aus Gründen, die wir respektieren müssen, verschweigen, aussparen und vermeiden wollte. Nichts ist hier unüberlegt oder zufällig, alles exakt kalkuliert. Nur daß die Rechnung nicht aufgeht, die Gleichung nicht stimmt. Der Roman *Im Namen der Hüte* trägt den Wurm in sich, und es lohnt, nach den mutmaßlichen Ursachen zu fragen.

Zunächst scheint mir, daß Kunert verhältnismäßig lange an diesem Buch geschrieben hat. Um es überspitzt zu sagen: Es wurde offenbar in einer anderen Zeit entworfen, in einer ganz anderen ausgeführt und in einer wiederum anderen beendet. Und zwischendurch müssen sich Kunerts Pläne, Absichten und Vorstellungen – und vielleicht auch seine Einschätzung der realen Möglichkeiten – mehrfach geändert haben.

Das Ganze ist als Schelmenroman konzipiert, wobei man Henrys literarische Ahnen nicht unbedingt in fernen Jahrhunderten zu suchen braucht: Es genügt, an Strittmatters *Wundertäter* und, vor allem, an den Grass'schen Oskar Matzerath zu erinnern. Aber mit einem Schelmenroman wollte sich Kunert nicht begnügen. Da liegt ja gleich am Anfang die Leiche des ermordeten Vaters, die den heiteren und wendigen Helden in jene hochdramatische Rolle drängt, zu der er nicht recht taugt: Er soll dafür sorgen, daß die Untat, für die es weder Beweise noch Zeugen gibt, gesühnt wird. Hier kann von Danzig-Langfuhr nicht mehr die Rede sein, im Dunkel erscheinen vielmehr die vertrauten Umrisse der Terrasse von Helsingör.

Wie also? Picaro oder Hamlet? Ein fröhlicher Gauner und gerissener Schalk oder ein von des Gedankens Blässe angekränkelter Rächer, ein Mann, der sich der aus den Fugen geratenen Zeit annehmen soll? Oder hatte Kunert gar eine Synthese im Sinn, einen picaresken Hamlet im zerstörten Berlin?

Auf jeden Fall versieht er seinen Helden im Laufe des Romans nacheinander mit so zahlreichen und so unterschiedlichen Zügen – burlesken und schwankhaften, düsteren und tragischen –, daß die ohnehin fragwürdige Gestalt vollends zerfließen muß und schließlich nichts mehr bedeutet. Dies bestätigt uns, wie das in deutschen Romanen neuerdings üblich ist, der Autor selber. Denn Henry darf freimütig erklären, er habe nichts zu verbergen: »Nicht mal, daß ich eine ausgeschabte Haut bin, Pelle ohne Inhalt, Hanswurst ohne Füllung, vom kalten Luftzug durch die Gegend geblasen.«

Indes gibt es Schelmenromane, alte und moderne, denen eine einheitliche und überzeugende Zentralfigur fehlt und die dennoch beachtliche Werke sind. Gewiß, nur verdanken sie ihre Kraft einer Fülle von Motiven und Situationen, Schauplätzen und Episoden, einem alle Bedenken beseitigenden Fabuliertalent. Auch Kunert bemüht sich um einen großen und bunten Bilderbogen. Was wir jedoch zu sehen bekommen, bleibt meist undeutlich, blaß und leblos. Und das hängt wiederum mit Kunerts künstlerischer Eigenart zusammen, mit seinem, wie mir scheint, klar erkennbaren Naturell. Er war und ist vor allem Lyriker.

Nun hören wir oft genug, daß heutzutage die Grenzen zwischen den traditionellen Gattungen immer mehr verschwimmen oder sogar ganz verschwinden. Daran ist in der Tat etwas Wahres. Trotzdem darf man dieser These – einem Klischee der Literaturkritik – ein wenig mißtrauen.

So kenne ich keine Verse von Anna Seghers, Wolfgang Koeppen und Max Frisch, von Heinrich Böll, Siegfried Lenz, Martin Walser und Uwe Johnson. Und andererseits haben, soviel ich weiß, Peter Huchel, Günter Eich, Karl Krolow, Paul Celan, Helmut Heissenbüttel, Hans Magnus Enzensberger, Peter Rühmkorf und Wolf Biermann keine Romane und – von vereinzelten und gänzlich unerheblichen Ausnahmen abgesehen – auch keine Geschichten veröffentlicht.

Gewiß ließen sich auch einige Gegenbeispiele aus der zeitgenössischen deutschen Literatur anführen, Doppelbegabungen also wie etwa Marie Luise Kaschnitz oder Günter Grass. Doch ändern sie, meine ich, nichts an der Tatsache, daß es nach wie vor eine tiefe Kluft ist, die den Epiker von der Lyrik und den Lyriker von der Epik trennt. Und daß die Versuche, diese Kluft zu überbrücken, nur selten erfolgreich sind.

Woran die Lyriker, die den Vorstoß ins Erzählerische wagen, meist scheitern, ist – und nur im ersten Augenblick mutet dies paradox an – nichts anderes als die Sprache: Sie verfügen über ein Instrument, das sich im Roman oder in der Geschichte kaum brauchen läßt; und gerade jenen, die es gut beherrschen, fällt die Umstellung auf ein anderes Instrument oft besonders schwer.

Das gilt auch für Günter Kunert. Wer die Klarheit und Deutlichkeit, die Knappheit und Natürlichkeit vieler seiner Gedichte kennt und schätzt, kann sich des Eindrucks nicht erwehren, daß er auf der Suche nach einer Diktion, die seinem epischen Vorhaben angemessen wäre, mit verstellter Stimme erzählt. Seiner unentwegten und nicht immer einfallsreichen Bemühung um die Pfiffigkeit des Helden entspricht eine künstliche Munterkeit des Duktus, eine überanstrengte und gewaltsam forcierte Ausdrucksweise.

Sehr bald landet Kunert dort, wo der Verfasser eines Schelmenromans, der ja die Welt immer aus einer mehr oder weniger plebejischen Perspektive zeigt, am allerwenigsten landen darf: im Preziösen und Affektierten. »Das Vibrato seiner häufig absetzenden Stimme erreicht nicht die bebrillte Seele hinter dem Schreibtisch.« Das ist ein harmloser, keineswegs etwa ein mißglückter Satz, aber ein Stich ins Gekünstelte scheint mir unüberhörbar. Oder Kunert bezeichnet weibliche Brüste als »bleiche Zitterbälle«, als »zapplige Zwillingsgewächse« oder als »halbierte, schulunterrichtsähnliche Globen«. Derartiges ist nicht schlimm, erst durch die Anhäufung wird es hier und da bedenklich.

Was in Kunerts Buch vor allem auffällt, ist das erstaunliche Mißverhältnis zwischen der großen stilistischen Anstrengung und dem geringen epischen Ergebnis: Je intensiver der sprachliche Aufwand, desto weniger kommt zum Vorschein. Der Kampf um die Anschaulichkeit bleibt vergeblich.

Daher muß diese häufig verkrampfte und gelegentlich auch aufgequollene Prosa rasch auf die Nerven gehen, zumal den mühevoll aufgepumpten Galgenhumor ironisch gemeinte Apostrophen (»Adieu, bleiches Bett, gnädiger Vergessensspender, nächtliche Ruhestätte des täglichen Irrtums, der für Leben gehalten wird«) unterstützen sollen und leider auch persiflierte Klassikerzitate, die indes auf fatale Weise in die Nähe von Kalauern geraten: »Ein Gedanke wohnt, ach, in zwei Brüsten.«

Der Mittelteil, in dem Kunert kaum noch mit neuen Einfällen aufwarten kann und in dem der dünne Handlungsfaden fast ganz verschwindet, stellt an die Geduld der Leser ungewöhnlich hohe Anforderungen. Aber Kunert selber scheint allmählich ebenfalls die Geduld zu verlieren, als hätte er keine Lust mehr, seine Geschichte fortzusetzen. Im letzten Viertel kommt neues Leben in den Roman: Plötzlich ändert sich der Tonfall, die Sprache wird einfacher und natürlicher, das Gedankenlesen aus Hüten, ein Motiv, dem Kunert ohnehin nicht viel Originelles abgewinnen konnte, läßt er endlich fallen, der Held lernt ein neues Mädchen kennen.

Ist es überhaupt noch derselbe Henry, der Picaro aus Helsingör? Jetzt wird nicht Shakespeares gedacht – denn mit Bildungsreminiszenzen spart Kunert in seinem ersten Roman nicht –, sondern Chamissos: »Das war der Erfinder von dem Schlemihl, der vielleicht ich bin. Der ich einen Schatten besonderer Art mit mir führe, den mir bestimmt keiner abnimmt.«

Gemeint ist damit nicht die Vergangenheit schlechthin, sondern ein Element in Henrys Figur, das gegen Ende des Romans überraschend betont wird: das Jüdische. Freilich springt Kunert, der es jetzt sehr eilig hat, mit der Fabel allzu unbekümmert um: Er schickt seinen Helden, nachdem dieser auf die Rolle des Rächers verzichtet hat, plötzlich nach Palästina, der Aufenthalt dort wird vollkommen ausgespart, ein Brief der Freundin ruft ihn nach Berlin zurück, er heiratet und entscheidet sich für die DDR, sein Sohn heißt »Christian David«.

Merkwürdig dieses letzte Viertel, und doch finden sich gerade hier einige Episoden, die Kunert als Erzähler ausweisen. Aber er gehört nicht zu den Malern, sondern zu den Zeichnern. Und nicht der große und bunte Bilderbogen ist seine Sache, sondern die ironische Miniatur und die hintergründige Parabel, die Genreszene und die Kurzgeschichte.

(1967)

Groteskes, Ironisches, Poetisches

Günter Kunert, *Die Beerdigung findet in aller Stille statt*

Nein, heute wird nicht genörgelt, sondern endlich einmal kräftig in die Harfe gegriffen: Es gilt, ein zwar keineswegs weltbewegendes, aber doch sehr erfreuliches Ereignis zu feiern. Ein Erzählungsband ist es, der, obwohl deutsch und neu, bereitet, was unsere Schriftsteller nur selten zu bereiten imstande sind – nämlich Vergnügen. Dies haben wir dem aus Berlin-O stammenden und in Ostberlin lebenden Günter Kunert zu verdanken.

Übrigens kommt sein Buch *Die Beerdigung findet in aller Stille statt*[1] gerade im rechten Augenblick. Denn wieder einmal lassen sich in der Bundesrepublik jene mehr oder minder gescheiterten Autoren vernehmen, denen offenbar nichts anderes übrigbleibt, als ihre in der Tat bemitleidenswerte Impotenz als Ausdruck der Krise einer ganzen Generation oder gar der Literatur schlechthin zu tarnen und an den Mann zu bringen. Mit Hilfe einer snobistisch wohlklingenden Terminologie versuchen sie also, ihr künstlerisches Unvermögen zum ästhetischen Gesetz zu erheben.

Der Schriftsteller, wird uns immer wieder zu verstehen gegeben, könne entweder die sichtbare und greifbare Welt registrieren und beschreiben oder aber nur noch vor sich hin blödeln und die Sprache aus sich herausblubbern lassen. Dokument oder Kalauer, Inventur oder Blödelei – das sei, sollen wir glauben, die einzige Alternative, vor der die Literatur steht. Während uns jedoch die einen mit stumpfsinnigen Aufzählungen langweilen und andere impertinent und schamlos genug sind, ihren Wortbrei als Kunst zu deklarieren, während uns als Höhepunkte der Prosa allen Ernstes unbedruckte Seiten geboten werden (das, wahrlich, scheint mir die allerbequemste Lösung zu sein), während Autoren ihre Bücher mit Aktfotos (unter besonderer Berücksichtigung der Genitalien) schmücken, büßt die fundamentale Frage, wie sich in unserer Zeit und von unserer Zeit erzählen läßt, nichts von ihrer Dringlichkeit und Aktualität ein.

Zu der Beantwortung dieser Frage trägt Kunert auf seine Weise bei – nicht mit Erörterungen und Spekulationen, die uns hier am wenigsten weiterhelfen würden, wohl aber mit zehn konkreten Versuchen. Wer bei uns einen Erzählungsband loben will, betont gern, es handle sich nicht etwa um eine Sammlung einzelner Stücke, sondern um einen größeren Zusammenhang, um eine angeblich sorgfältig komponierte Einheit, deren Bestandteile der Autor im Hinblick auf das Ganze verfertigt haben soll. Meist stimmt das überhaupt nicht. Was sich in der Regel dahinter verbirgt, scheint mir nichts anderes zu sein als die bedauerliche Tatsache, daß die kleineren epischen Formen – allen gegenteiligen Beteuerungen zum Trotz – immer noch nicht für voll genommen werden.

Um also Mißverständnissen vorzubeugen: Kunerts Buch vereint Geschichten, die er in den letzten drei, vier Jahren geschrieben hat und die sich voneinander in vielerlei Hinsicht unterscheiden. Sie bilden keinen Zyklus, keine wie auch immer verstandene Einheit. Vielmehr wollen und können sie lediglich als autonome literarische Arbeiten zur Kenntnis genommen werden: Das Ganze ist somit nicht mehr und nicht weniger als die Summe seiner Bestandteile. Dies allerdings hat mit Kunerts Möglichkeiten und Absichten zu tun. Was er erzählt, zielt natürlich auf unsere Zeit ab und ist, wie könnte es auch anders ein, kritisch gemeint. Aber er hütet sich, unsere Epoche zu interpretieren, er verzichtet auf große Auseinandersetzungen, es ist niemals sein Ehrgeiz, auf unsere Welt mit Elementen einer Gegenwelt oder Nebenwelt oder mit Rezepten und Lösungsvorschlägen zu reagieren.

Seine Prosastücke, diese Gleichnisse, short stories und Grotesken – und die besten sind es zugleich und auf einmal, nämlich parabolische Kurzgeschichten mit grotesken Akzenten – sollten eher als kommentierende Miniaturen aufgefaßt werden, als ebenso poetische wie diskrete Fußnoten, mit denen ein vernünftiger und verantwortlicher Artist unsere Gegenwart bedenkt, als phantasievolle und zurückhaltende Anmerkungen und Arabesken eines virtuosen Ironikers.

Da es hier um einen Autor aus der DDR geht, mag es zunächst verwundern, daß das Kunstmittel, dessen er sich am häufigsten und am sichersten bedient, eben die Ironie ist. Sie wirkt niemals höhnisch oder zynisch, sie verletzt nicht, vielmehr benennt und verdeutlicht sie die Phänomene. Diese betont menschenfreundliche und – im Unterschied zur früheren Prosa Kunerts – souveräne und gelöste Ironie richtet sich weniger gegen die im Mittelpunkt stehenden Gestalten als vor allem gegen bestimmte Zustände, Milieus und Konventionen, gegen den

Hintergrund, der die Handlungsweise der Akteure begreiflich macht.

Das auffallendste Kennzeichen dieser Akteure ist ihre vollkommene Unauffälligkeit. Die Männer, die Kunerts Szene bevölkern – auch Frauen treten auf, haben aber nur eine einzige Funktion: sie sollen erotische Bedürfnisse wecken und befriedigen –, üben ordentliche und durchaus prosaische Berufe aus. Einer arbeitet bei der Post, ein anderer in einem Elektrizitätswerk, einen Lehrer gibt es und einen Technologen, einen Sektionsleiter in einem Amt und einen Lastwagenfahrer in einer Speditionsfirma. Doch diese braven oder scheinbar braven Bürger geraten, nicht immer unschuldig, in heikle Situationen. Am Himmel ballen sich drohende Wolken zusammen – und je mehr sie sich verfinstern, desto flotter und heiterer erzählt Kunert. Er nimmt das Leben sehr ernst, gewiß, aber die Schicksale seiner Figuren regen ihn nicht sonderlich auf: Schließlich sind es ja nur Demonstrationsobjekte. Er betrachtet sie gelassen und distanziert, auf jeden Fall erhebt er nie die Stimme: Was sich hier abspielt – nicht nur die Beerdigung in der Titelgeschichte –, »findet in aller Stille statt«.

Dem Helden dieser Geschichte stehen in dem Amt, in dem er arbeitet, große Unannehmlichkeiten bevor. Denn es mißfällt dort sehr, daß der verheiratete Herr, wie das im Leben so manchmal passiert, auch eine ständige Freundin hat. Da stirbt plötzlich die legale Gattin. War es wirklich nur ein Unfall? Den wahren Sachverhalt erfahren wir am Ende der Geschichte, doch der moralische Chef will ihn gar nicht kennen: Eben noch entschlossen, gegen die amouröse Beziehung des Untergebenen, deren »Auswirkung auf andere Mitarbeiter und Kollegen gewiß keine erstrebenswerte wäre«, energisch einzuschreiten, findet er sich mit einem mutmaßlichen Mord rasch ab.

Das Individuum und der Druck der Gesellschaft – ganz anders behandelt Kunert diese Frage in der Geschichte *Der Hai*. Ein Schiff geht unter, zwei Matrosen retten sich in einem Schlauchboot, nur einer kommt zu Hause an. Stimmt es, daß sein Kamerad im Wahnsinn über Bord ging? Oder hat ihn gar der Überlebende, worauf immerhin manches hindeutet, ins Wasser gestoßen? Nein, er ist unschuldig. Aber wie soll er das beweisen, wie den Verdacht widerlegen? Schließlich bleibt ihm, dem Opfer eines systematischen Rufmords, nur ein Ausweg übrig: die Flucht aus der Heimat.

Es sind amerikanische Matrosen, von denen hier die Rede ist, eine

Kleinstadt in den USA bildet den Hintergrund. Indes kommen in dieser Geschichte Erfahrungen zum Vorschein, die Kunert in jener Welt machen mußte, in der er lebt. Was immer er erzählt, es bezieht sich auf die DDR. Doch was er in der DDR spielen läßt, trifft mitnichten nur auf die dort herrschenden Verhältnisse zu. »Kein literarisches Produkt – schrieb Kunert mit Recht – kann eigentlich realistisch genannt werden, wenn es sich nicht auch von der Realität emanzipiert, von der es lebt, um gültig für andere Realitäten zu werden.«² In diesem Sinne sind die Geschichten Kunerts realistisch, zumal *Die Waage*, das beste Stück des Bandes.

Am Stammtisch wird gefeiert, denn einer hat den Orden für vorbildliche Planerfüllung erhalten. Nun trinken sie »unter einem fremden Blick«: Es ist der in vier Goldleisten eingezwängte Karl Marx, der sie skeptisch beobachtet, diese »seine Nachfahren, die inzwischen fast alle Probleme gelöst, fast alle Fragen geklärt haben«. Die von ihm aufgedeckten Antagonismen, hört er, seien abgeschafft, nur noch »Gesellschaftsnützliche und Nichtnützliche« gebe es jetzt: »Es ist eine Waage: In der einen Schale steigt die menschliche Spreu nach oben, zu leicht befunden, in der anderen sitzen wir; wir hier um unseren Stammtisch, goldrichtig, schwergewichtig, zukunftsträchtig.« Der den Orden bekommen und zuviel getrunken hat, rast in der Nacht – »auf zwei Rädern durch den selbstgefertigten Lichttunnel« – zum Dienst im Elektrizitätswerk. Auf der einsamen Landstraße überfährt er einen alten Mann und rast weiter. Fahrerflucht? Ja, aber doch besonderer Art, denn: »Der Abzulösende wartet. Es warten die Generatoren, die Turbinen, die Schornsteine, die Einwohner darauf, daß alles seinen Gang gehe. Da heißt es, sich entscheiden. Abwägen.« Und siehe da: Die eine Waagschale mit den Menschenmassen, den Turbinen und Schornsteinen senkte sich so tief, »daß die andere Schale völlig aus dem Blickfeld stieg«.

Die Atmosphäre der Geschichte ist unverkennbar: Sie lebt – einschließlich der Szene im Polizeirevier, wo alles endet – von der DDR-Realität. Aber werden jene Waagen, auf denen das Individuum rasch verschwindet, nur östlich der Elbe produziert?

Die Geschichten, in denen Kunert großzügig mit überwirklichen Motiven umgeht, überzeugen mich weniger, doch auch unter ihnen findet sich ein Glanzstück. Er erzählt von einem Juden, der 1933 berlin verläßt, sich indes von seiner Straße nicht trennen kann: »Er ... rollt sie zusammen, als hätte er einen dünnen Läufer vor sich, knickt die Rolle in der Mitte zusammen und verbirgt sie unter dem Mantel.« So nimmt er sie mit auf die Wanderschaft, diese Straße, die ihn überall beglückt und belastet. Und nach dem Krieg bringt er sie wieder nach Berlin, um sie abzuliefern, wo sie hingehört. Er rollt sie auf, er breitet sie aus, »sie will sich aber nicht einfügen, wie er sie auch zurechtrückt und hinpreßt. Sie paßt nicht mehr«, die Straße, »die er oder die ihn einstmals besessen. Genau ist das nicht mehr festzustellen«.

Deutlich verrät diese Prosa ihres Autors Unruhe, unmißverständlich läßt sie erkennen, daß er nicht zu jenen gehört, die sich Illusionen machen. Kunert weiß, was gespielt wird. Doch weiß er auch, daß das, was mit uns und um uns geschieht, den Schriftsteller nicht berechtigt, sein Handwerk zu vernachlässigen. Überdies wird dort, wo er lebt und arbeitet, auf Worte genau geachtet. Wir kennen die Folgen, sie sind oft bitter. Aber wir sollten' nicht vergessen, daß da, wo es leichtsinnig wäre, die Sprache aus sich heraussprudeln zu lassen, der Schreibende zu einer Disziplin und Selbstkontrolle genötigt wird, die ja auch ihre Vorzüge hat.

Kunert ist in die Sprache verliebt, doch er, den Brecht schon 1952 »einen der begabtesten unserer jungen Lyriker« nannte,[3] degradiert sich nicht zu ihrem Werkzeug, läßt sich niemals von ihr beherrschen. Dabei war sein Weg vom Vers zur Prosa weder kurz noch einfach. In seinem 1967 erschienenen Roman _Im Namen der Hüte_ hatte er auf der Suche nach einer eigenen Diktion mit mühevoll verstellter Stimme erzählt. Die in dem Roman störende, oft verkrampfte und preziöse Ausdrucksweise ist nun fast ganz überwunden – und damit zugleich das Mißverhältnis, das zwischen dem stilistischen Aufwand und dem epischen Ergebnis bestanden hatte.

Jetzt schreibt Kunert eine temperamentvolle und kräftige, anmutige und prägnante, dynamische und rhythmisch federnde, eine evozierende und zugleich kommentierende Prosa, die anschaulich, aber niemals beschaulich ist. Hier, als Beispiel, der Anfang einer der Geschichten: »Steif gefaltete Mienen: Ergebnis unnatürlicher Mühen, etwas Fehlendes sichtbar zu machen: das Mitleid. Zu jedem dieser künstlich betroffenen Gesichter gehört unabdingbar eine ausgestreckte, zu mitfühlendem Druck bereite Rechte und eine gedämpfte Stimme, Kondolationen haspelnd betreffs des unerwarteten Ablebens der Gattin, der Gemahlin, der Ehefrau, der Else Schöngar, geborene Pilowski, deren Witwer das vorgetäuschte, vielleicht sogar echte Bedauern abkürzt durch Entzug seiner verlegenheitsfeuchten Hand und den Hinweis, die Beerdigung fände in aller Stille statt.«

Summa summarum: zehn Geschichten, von denen fünf vorzüglich und die übrigen jedenfalls bemerkenswert sind. In einer Zeit, in der man uns weismachen will, das Erzählen sei nicht mehr möglich und die Literatur eigentlich ein überflüssiges Relikt, ist das, wie gesagt, ein Ereignis. Günter Kunert in Ostberlin sei bedankt und gegrüßt.

(1968)

Eine unruhige Elegie
Christa Wolf, *Nachdenken über Christa T.*

Christa Wolfs *Nachdenken über Christa T.*[1] strotzt von Widersprüchen; und dennoch ist das Buch überraschend einheitlich. Traditionsbewußt und vielen Vorbildern verpflichtet, erweist es sich trotzdem als durchaus eigenwillig und modern zugleich. Es ist ein leicht angreifbares und schwer greifbares Stück Literatur, ein Roman, der Interpretationen geradezu herausfordert und der sich schließlich, nicht ohne Grazie und Koketterie, jeglicher Interpretation entziehen möchte. Kurz: ein höchst erfreulicher Fall.

Die 1929 geborene DDR-Autorin Christa Wolf – und dieser Ausdruck zielt nicht nur auf ihren Wohnort ab, sondern auch auf die Tatsache, daß sie sich ostentativ zur DDR bekennt – verdankt ihren nicht unbeträchtlichen Ruhm dem Roman *Der geteilte Himmel*.

In dieser Geschichte einer Liebe, die im Sommer 1961 an der Teilung Deutschlands scheitert, war zweierlei aufgefallen. Weder wurde der junge Chemiker, der sein Mädchen verließ, um nach der Bundesrepublik zu gehen, als Agent oder Schweinehund beschimpft, noch das in der DDR zurückbleibende Mädchen als jugendliche Heroine gefeiert; derartiges schien damals, 1963, schon rühmenswert. Und zweitens hatte sich die Erzählerin, linkisch zwar, doch ziemlich entschieden, einiger Darstellungsmittel des modernen westlichen Romans bedient.

Ein biederes und aufrichtiges Buch, naiv und betulich und recht sentimental, bemerkenswert auf dem Hintergrund der DDR-Literatur und bestimmt keine bedeutende künstlerische Leistung – so etwa präsentierte sich *Der geteilte Himmel*. Wer jedoch glaubte, die Grenzen der epischen Begabung der Christa Wolf bereits erkannt zu haben, der wird jetzt eines Besseren belehrt: *Nachdenken über Christa T.*, weder bieder noch betulich, übertrifft den Erstling in jeder Hinsicht. Sentimental freilich ist auch dieser Roman, nur in einem ganz anderen Sinne.

Ein Mensch ist gestorben, eine noch junge Frau, knapp 35 Jahre alt. Nein, weder Mord noch Selbstmord, auch kein Unfall. Anders als im Fall jenes Eisenbahners Jakob Abs, der quer über die Gleise ging, unterliegt die Todesursache keinem Zweifel: Leukämie. Das Leben dieser Frau, der Christa T., wird hier erzählt. Also kein sonderlich origineller Ausgangspunkt? Aber auch die Umrisse ihrer Geschichte sind so einfach und alltäglich, so banal wie nur möglich.

Der Schulzeit während des Krieges folgen die üblichen Stationen: Flucht, Umsiedlung, Neubeginn im Nachkriegschaos. Dann studiert jene Christa Germanistik in Leipzig, sie lernt die Liebe kennen, wird Lehrerin, wendet sich enttäuscht von ihrem Beruf ab, heiratet einen Tierarzt, bringt Kinder zur Welt und lebt ruhig, meditierend und schreibend, irgendwo im Mecklenburgischen. Und um der Banalität die Krone aufzusetzen, ist ihr Ehepartner ein braver und langweiliger Kerl, jener aber, der die Ehe gefährdet, ein junger und fescher Jägersmann.

Doch sind diese Männer kaum mehr als Statisten. Neben der Christa T. gibt es in dem Roman nur noch eine wichtige Figur: die Ich-Erzählerin. Sehr merkwürdig: Sie informiert uns über ihre Person äußerst karg, das wenige indes, das sie uns beiläufig mitteilt, ähnelt auf auffallende Weise der Biographie der Christa T. Die Ich-Erzählerin ist ihre Generationsgenossin, sie stammt aus derselben Gegend, sie waren in derselben Schule, sie haben zusammen Germanistik studiert, auch die Ich-Erzählerin wird Lehrerin, Ehefrau und Mutter. Natürlich haben wir es mit zwei verschiedenen Gestalten zu tun. Aber mit der Zeit zeigt sich – und weder gegen den Willen der Autorin noch zum Nachteil des Buches –, daß sie, allen direkten Benennungen zum Trotz, nicht immer und nicht so sicher als zwei autonome epische Figuren erkennbar sind. Dies wiederum hängt mit der Substanz und der Konzeption des ganzen Romans zusammen.

Die Ich-Erzählerin, die die Geschichte der 1963 gestorbenen Freundin erst zwei oder drei Jahre nach deren Tod aufschreibt – nein: aufzuschreiben versucht –, weiß sehr wohl, daß ihre Erinnerung schon zu verblassen beginnt und daß ihre Kenntnisse so ungenau wie lückenhaft sind. Was der Ehemann und die Bekannten hinterher zu berichten haben, ist nur selten brauchbar. Immerhin bleiben noch allerlei Dokumente: die persönlichen Aufzeichnungen der Toten, ihre literarischen und germanistischen Arbeiten. Sie liefern zwar einige zentrale Stellen des Buches, doch letztlich ist die Ich-Erzählerin auf ihre Intuition und Intelligenz angewiesen – und, versteht sich, auf ihre Phantasie.

Hier setzt das reizvolle Spiel dieses Romans an – und es ist glücklicherweise kein Puzzle-Spiel. Man kennt das ja hinreichend: Eine Biographie soll rekonstruiert und somit ein mehr oder weniger dunkler Sachverhalt aufgedeckt werden. Der Beauftragte des Autors sammelt fleißig Material und findet auch allerlei, doch nie genug. Am Ende bekennt er sich zur Niederlage, denn, so hören wir mit schöner Regelmäßigkeit, eines Menschen Weg und Wesen lassen sich niemals gänzlich erfassen und darstellen. Christa Wolf erspart uns die Reprise dieses Spiels, das ihrige findet auf einer anderen Ebene statt.

Gewiß will die Ich-Erzählerin das Leben der Freundin möglichst genau erkunden und erkennen. Aber sie kann nicht anders, als – bewußt und unbewußt, offen und insgeheim – ihre eigenen Erfahrungen in die Geschichte der Toten zu projizieren. Andererseits zieht sie verschiedene Reaktionen und Äußerungen der Christa T. heran, um das zu begreifen und zu deuten, was sie selber erlebt hat. Diese Wechselbeziehung bildet gewissermaßen das Rückgrat des Romans: Vor allem der Subjekt-Objekt-Relation (und natürlich auch ihrer Umkehrung) verdankt er seine eigentümliche, bisweilen geradezu kontrapunktische Spannung.

Die insistierende Bemühung um das Porträt eines anderen Menschen erweist sich also bei näherer Betrachtung als Versuch der Selbstverständigung und Selbstdarstellung, ja als Introspektion. Und wie die beiden Frauen Komplementärfiguren sind, die mitunter zu einer einzigen verschmelzen, so präsentiert sich hier häufig als Dialog, was im Grunde ein einziger Monolog ist. Nicht *Christa T.* lautet ja der Titel des Buches, sondern *Nachdenken über Christa T.*

Doch warum gerade über diese und keine andere Person, über eine, die »nicht beispielhaft« und »als Gestalt kein Vor-Bild« sei, über eine DDR-Bürgerin, »auf die doch keines der rühmenden Worte paßt, die unsere Zeit, die wir mit gutem Recht hervorgebracht haben«? Wenige Zeilen weiter findet sich die überraschende Antwort: »Einmal nur, dieses eine Mal, möchte ich erfahren und sagen dürfen, wie es wirklich gewesen ist, unbeispielhaft und ohne Anspruch auf Verwendbarkeit.« Und lange will es scheinen, als sei dies die Ansicht auch der Christa Wolf.

Denn jene Christa T., in der sich die Ich-Erzählerin so oft wiedererkennt, wird uns von vornherein – und immer wieder – als ein besonders empfindliches und recht mysteriöses Wesen geschildert, das »überall zu Hause und überall fremd zu sein« schien, und beides »in der gleichen Sekunde«. Sie möchte »der dunkleren Hälfte der Welt entrinnen«, von ihrer bedenklichen »Versunkenheit« ist die Rede, manche werfen ihr vor, sie sei nicht nur »anders als andere«, sondern auch »wirklichkeitsfremd« und »unzeitgemäß«, sie sei – bekennt sie selber – »ein bißchen anfällig für Überirdisches«.

Eine solche Romanheldin hat die DDR-Literatur bisher nicht gekannt. Aber sollte diese Figur tatsächlich »unbeispielhaft und ohne Anspruch auf Verwendbarkeit« sein? In der zweiten Hälfte des Buches läßt die Ich-Erzählerin die Katze aus dem Sack: »Wer die Achseln zuckt, wer von ihr, Christa T., weg und auf größere, nützlichere Lebensläufe zeigt, hat nichts verstanden. Mir liegt daran, gerade auf sie zu zeigen.« Wozu?

Es ist die Geschichte ihrer Generation, die Christa Wolf hier erzählt, die Geschichte jener, die kurz nach 1945, damals kaum achtzehn oder zwanzig Jahre alt, begeistert und emphatisch die Morgenröte einer neuen Zeit grüßten und die sich wenig später inmitten des grauen und trüben Alltags von Leipzig und Ostberlin sahen. Sie glaubten, den Sturm der Revolution entfesselt zu haben, doch was kam, war nur der Mief der DDR.

So betrachtet sind beide – ebenso Christa T. wie ihre berichtende und analysierende Freundin – in hohem Maße typische und exemplarische Gestalten, sensibler freilich und intelligenter als die meisten Generationsgenossen. »Sie muß frühzeitig Kenntnis bekommen haben – heißt es von Christa T. – von unserer Unfähigkeit, die Dinge so zu sagen, wie sie sind. Ich frage mich sogar, ob man zu früh klarsichtig, zu früh der Selbsttäuschung beraubt sein kann.« Und während andere sich vom »Rausch der Neubenennungen« hinreißen lassen, tut Christa T., was viele in ihrer Umwelt für unverzeihlich halten: Sie zweifelt – »an der Wirklichkeit von Namen, mit denen sie doch umging«.

Die Folgen heißen: Lustlosigkeit, Depression, Resignation. Ja, die von des Gedankens Blässe angekränkelte DDR-Germanistin meditiert schon fast wie jener zweifelnde Prinz, den alle Intellektuellen so lieben: »Einen Weg kenn' ich, den ganzen Jammer auf einmal und von Grund auf loszuwerden.« Für den Arzt ist der Fall klar: »Todeswunsch als Krankheit. Neurose als mangelnde Anpassungsfähigkeit an gegebene Umstände.« Das wahrlich ist ein vollendeter Euphemismus: »gegebene Umstände«. Sagen wir klar: Christa T. stirbt an der Leukämie, aber sie leidet an der DDR. Was bleibt, ist Kapitulation: Rückzug in einen windstillen Winkel des Arbeiter- und Bauernstaates, Flucht in den Alltag der Ehefrau und Mutter.

In einer 1954 geschriebenen Examensarbeit der Christa T. findet die Ich-Erzählerin die Sätze: »Die Rettung der Poesie vor der drohenden Zerstörung der menschlichen Persönlichkeit an den Rand des Geschehens.« Und: »Ihn hat der Konflikt zwischen Wollen und Nicht-Können in den Lebenswinkel gedrängt . . .« Das bezog sich auf Theodor Storm, das gilt natürlich auch für Christa T.: Ihr Husum liegt in Mecklenburg.

Ist also die einzige Rettung vor dieser »drohenden Zerstörung der menschlichen Persönlichkeit« der Rückzug ins Innere? Werden wieder, wie so oft in der deutschen Literatur, die alten Antithesen – Geist und Materie, Idee und Wirklichkeit, Kunst und Leben – zur klassischen Gegenüberstellung von Innenwelt und Außenwelt verdichtet? Wird noch einmal – mehr oder weniger romantisch – das Primat der Innenwelt verkündet?

Diesem Roman, der die dialektische Wechselbeziehung zwischen dem Einzelnen und der Gesellschaftsordnung andeutet und umspielt, der so behutsam wie unmißverständlich die Frage nach der Selbstverwirklichung der Persönlichkeit in jener Welt stellt, die sich sozialistisch nennt, der sich nicht scheut, auch und vor allem die Selbstentfremdung des Individuums zu zeigen – und drüben ist der Begriff noch nicht zum Modewort degradiert und entwertet –, diesem Roman also fehlt auch die Spur von der fröhlich-optimistischen Perspektive, die die Kulturfunktionäre ihren Schriftstellern abzuverlangen versuchen.

Indes hieße es, glaube ich, Christa Wolf gründlich verkennen, wollte man sie für die Sachwalterin einer neuen Innerlichkeit halten. Daß sich Christa T. genötigt sah, für ihr Haus einen von den Zentren des Lebens offenbar weit entfernten Winkel auszusuchen und also an die Peripherie abgedrängt wurde, haben wir wohl symbolisch zu verstehen. Das gilt aber auch für den Umstand, daß sie dieses Haus eben doch in der DDR baut. Gewiß verweist Christa Wolfs Buch auf die Flucht in die Idylle als die einzige Möglichkeit, die der enttäuschten, der desillusionierten und ernüchterten Generation geblieben war.

Aber nicht gegen die Außenwelt schlechthin wird hier die Innenwelt – eher leise drohend als resignierend – ausgespielt, sondern gegen jene, die den Weg dieser Generation zu verantworten haben – gegen die »eisern Gläubigen«. Die Ich-Erzählerin stellt knapp fest: »Mir graut vor der neuen Welt der Phantasielosen. Der Tatsachenmenschen.«

So wie es hier kein einziges Wort gegen die DDR oder gar gegen den Kommunismus gibt, so richtet sich jedes der zwanzig Kapitel dieses melancholischen Plädoyers gegen die »Phantasielosen« und die »Tatsachenmenschen«. Ihnen muß das Buch, trotz der eindeutigen Entscheidung der Erzählerin, schon deshalb auf die Nerven gehen, weil es poetisch ist und sich daher allen »eisernen Definitionen« entzieht. Und es knüpft überdies – auch das eine Überraschung – an eine sehr entlegene literarische Tradition an.

Paraphrasierend nähert sich Christa Wolf ihrem Thema, sie geht es von verschiedenen Seiten an, weicht wieder zurück und umspielt es aufs neue. Allerlei malerische und düster klingende Lyrismen versagt sie sich nicht: »Gestern noch wäre man in die Küche gelaufen, wo die Schwester mit der Mutter die Abendsuppe kocht, allein, wie sie sich ausgebeten hat. Heute muß man statt dessen ans Tor gehen, die Hände an die Latten klammern, muß mit ansehen, wie die Zigeuner das Dorf verlassen...« Und: »Da sind auch die Kirschen wieder, da der Teich. Abends die Frösche. Kilometerweit fahren mit dem Rad über Land. An den Zäunen stehn und mit den Leuten reden.« Oder: »... Und die Feuer sind Fackeln, und in ihrem flackernden Licht treten die festlich gekleideten Gutsbewohner mit ihren Gästen aus dem Portal, der frischgebackene Ritterkreuzträger mitten unter ihnen.«

Sind das gar Cornet-Reminiszenzen? Demian-Töne? Dekoratives jedenfalls ist der Erzählerin Christa Wolf nicht unlieb, Wehmütiges durchaus nicht fremd, vom Geheimnisvollen läßt sie sich gern faszinieren, häufig, allzu häufig beschwört sie den Himmel, die Nacht und die Dämmerung, den Mond und die Sterne. Bisweilen mutet sie uns etwas viel zu: »Manchmal, selten, schrieb sie einen Brief, oft las sie oder hörte Musik. Der Mond kam über dem See hoch, sie konnte lange am Fenster stehen und zusehen, wie er sich im Wasser spiegelte.«

Aber anders als in ihrer *Moskauer Novelle* und im *Geteilten Himmel* tauchen derartige Akzente oft – nicht immer – in ironischer Brechung auf und werden mit leicht relativierender Distanz geboten:

»Jetzt ist die Sonne in die Hecken gefallen. Fehlt bloß noch, daß sie quer über eine Wiese laufen und das ausgebreitete Heu duftet. Also gut, sie laufen, und das Heu duftet, das haben wir ja alles in der Hand. Jetzt soll sie ihn nach den Pappeln fragen . . .«

Trotzig fast und ostentativ betont Christa Wolf das Bruchstückhafte und das Ungewisse: »So kann es gewesen sein, aber ich bestehe nicht darauf.«; »Es spielt ja gar keine Rolle, ob sie (die Geschichte) sich genauso zugetragen hat oder nicht.« Auch Christa Wolf gefällt es – mit Frisch zu sprechen –, Geschichten wie Kleider anzuprobieren[2], eine Begegnung beispielsweise der Christa T. mit ihrem künftigen Mann wird uns in verschiedenen Fassungen geboten: »Wir können noch einen Versuch machen. Nicht jenes Kostümfest soll es gewesen sein, das sowieso erfunden ist, sondern eine einfache Ankunft, noch dazu in einem Landstädtchen.«

Dieser Roman könnte also auch heißen: »Mutmaßungen über Christa T.« oder »Ansichten über eine Germanistin« oder »Mein Name sei Christa T.«. Ja, Christa Wolf hat sich tüchtig umgesehen in der neueren deutschen Prosa, und sie hat von ihnen allen, von Johnson, Böll und Frisch und vielleicht auch noch von Grass und Hildesheimer manches gelernt. Doch ist nichts mehr von der rührenden Unbeholfenheit aus dem *Geteilten Himmel* zu spüren – über die Techniken und Ausdrucksmittel, die Christa Wolf offenbar von westlichen Autoren übernommen hat, verfügt sie jetzt sehr sicher und ganz natürlich.

Vor allem aber: Nicht hier, sondern in einer anderen Welt und Epoche ist ihr Vorbild zu suchen. Freundschaftskult, Naturschwärmerei und Gefühlsüberschwang, weiche Lyrismen und subtile Stimmungen, das Belauschen seelischer Regungen und Reaktionen, die vielen Konfessionen und Selbstanalysen in Briefen und Tagebüchern, die Verbindung des Elegischen und Idyllischen mit dem Diskursiven und Reflexiven – woher kennen wir eigentlich das literarische Modell, in dem sich dies alles zusammenfindet?

Es ist – und Christa Wolf selber spielt darauf innerhalb ihres Buches an – der deutsche Roman der Empfindsamkeit, der sentimentale Roman jener im *Werther* gipfelnden Epoche, der hier nicht fröhlich zwar, doch schwermütige Urständ feiert. Die Empfindsamkeit aber war, wie man weiß, nichts anderes als die Reaktion auf einen allzu engstirnigen Rationalismus. Auf diese längst vergessene Tradition greift Christa Wolf zurück, die sie – im Hegelschen, im dreifachen Sinne – aufhebt.

Sie, die einst unfreiwillig sentimental geschrieben hatte, macht nun die Sentimentalität bewußt und kunstvoll zum Hauptelement ihrer unruhigen Elegie – der poetischen Verteidigung des Individuums gegen den Anspruch der »eisernen Definitionen«.

(1969)

Es gibt keinen Ausweg
Rolf Schneider, *Brücken und Gitter*

Wir haben einen jungen deutschen Erzähler mehr: Es ist Rolf Schneider aus Ostberlin, ein Mann des Jahrgangs 1932.

Er lebt also in der DDR. Damit meine ich jedoch nicht nur seinen gegenwärtigen Wohnort, sondern auch und vor allem: die Welt, in der er geschult und erzogen wurde, in der er Erfahrungen sammeln und sein Handwerk lernen konnte. Denn er hat an einer DDR-Universität studiert (und zwar Germanistik), er war Redakteur einer repräsentativen DDR-Zeitschrift (nämlich des 1958 liquidierten *Aufbau*), er hat viel für den DDR-Rundfunk geschrieben (vornehmlich Hörspiele und Fernsehfilme). Und er wurde 1962 mit dem DDR-Lessing-Preis ausgezeichnet. Kurz: ein DDR-Autor.

Aber eben weil Schneider in der Welt von drüben tatsächlich verwurzelt ist, scheint es mir nicht überflüssig, vor gewissen Mißverständnissen zu warnen, denen vielleicht auch sein Buch in der Bundesrepublik ausgesetzt sein wird. Wie es in der DDR viele Rezensenten gibt, die in den Arbeiten westdeutscher Schriftsteller lediglich Anzeichen ihres kritischen Verhältnisses zur Bundesrepublik und zur bürgerlichen Gesellschaftsordnung suchen, gibt es wiederum hier Kritiker, die in der Literatur, die in der DDR entsteht, nur nach Symptomen fahnden, denen das Verhältnis der Autoren zur SED und zum Kommunismus zu entnehmen wäre. So werden aus den jeweiligen Gegenständen der Betrachtung gewisse inhaltliche Elemente herausgelöst und dann mehr oder weniger treffend interpretiert. Solche Interpretationen können mitunter ergiebig und aufschlußreich sein, nur daß sie immer das literarische Werk zum Vehikel unmittelbarer politischer und zeitkritischer Gedanken degradieren, also die Eigenart und Eigengesetzlichkeit der Kunst ignorieren.

Natürlich gilt dies für den Osten wie für den Westen. So ähnlich indes die Methoden sind, sowenig sollte man einen prinzipiellen Unterschied übersehen. Gewiß wird nicht selten hier wie da mit Zitaten manipuliert. Während sich jedoch der DDR-Rezensent, der die kritische Haltung westdeutscher Autoren angesichts der westdeutschen Realität nachzuweisen wünscht, meist auf konkrete und unmißverständliche Motive und Äußerungen berufen kann, sieht sich der bundesrepublikanische Rezensent, der dasselbe Verfahren in umgekehrter Richtung anwendet, auf Mutmaßungen und Spekulationen, auf Entschlüsselungen und Deutungen angewiesen. Und während sich ein solcher Interpret von drüben zwar häufig Vereinfachungen und Übertreibungen zuschulden kommen läßt, droht seinem hiesigen Kollegen eine größere Gefahr – er kann unversehens in die Nähe von Unterstellungen und Fälschungen geraten.

Diese Spekulationen und detektivistischen Nachforschungen westlicher Publizisten, das geheimnisvolle Augenzwinkern und die unentwegten Entdeckungen angeblicher politischer Akzente oder gar getarnter Widerstandsleistungen tragen nicht nur zur Verwirrung des Publikums bei. Bisweilen wird damit noch schlimmeres Unheil angerichtet. Jedenfalls ist der Literatur mit solchen im Grunde fahrlässigen Bemühungen am wenigsten gedient.

Davor also sollte die Prosa des jungen Rolf Schneider bewahrt werden. Nichts wäre indes abwegiger als die Vermutung, zwischen den Erzählungen in dem Band *Brücken und Gitter*[1], der auch drüben erscheinen soll, und der Welt, in der der Autor aufgewachsen ist, bestünde kein deutlich erkennbarer Zusammenhang. Im Gegenteil: Obwohl alle sieben Erzählungen außerhalb der DDR und mindestens zwei vor 1945 spielen, sind ausnahmslos alle als Reaktionen auf Schneiders Erlebnisse und Erfahrungen in den letzten Jahren und in der DDR zu verstehen. Nur sollte man sich hüten, seine Geschichten für unmittelbare ideologische oder politische Bekenntnisse zu halten. Wer hier vor allem eine direkte und aktuelle Stellungnahme zu finden hofft, mag zwar bei der einen oder anderen Erzählung auf seine Rechnung kommen, wird jedoch das, was dieser Autor gewollt und geleistet hat, gründlich verkennen. Anders ausgedrückt: Diese Prosa aus der DDR ist nicht darauf angewiesen, als Zeitdokument aus der DDR gelesen zu werden.

Schon in seinen frühen literarkritischen Arbeiten (beispielsweise im *Aufbau*) und auch in seinen Parodien (*Aus zweiter Hand*, 1958) fielen Schneiders Scharfblick und Gescheitheit auf. Aber so schätzenswert analytische Intelligenz, die hochentwickelte Fähigkeit zum diskursiven Denken und umfassende literarische Bildung eines Schriftstellers auch sind – dies alles trifft auf Schneider zu –, so können sie doch seine epischen Bemühungen, falls er nicht gerade über ein elementares erzählerisches Talent verfügt, eher gefährden. Man kennt die Romane und Geschichten vieler Philologen, Kritiker und Lektoren, die auf ihrem eigentlichen Gebiet Beachtliches oder Hervorragendes leisten und deren künstlerische Versuche zwar nicht gegen den guten Geschmack verstoßen, doch blaß und steril, ausgeklügelt und leblos sind.

Ein urwüchsiges erzählerisches Temperament läßt sich Schneider nicht nachrühmen. Wenn es ihm dennoch in den besten Stücken des Bandes gelingt, jener Gefahr, die freilich auch seine Prosa bedroht, zu entgehen, so verdankt er es vornehmlich einer heimlichen und höchst sympathischen Neigung zum ebenso artistischen wie intellektuellen Spiel mit Motiven und Situationen, mit Fabeln und Konflikten.

Ein Spiel, doch keine Spielerei. Schneiders mannigfaltige Motive kreisen – mehr oder weniger deutlich – um ein Zentralthema. In der Erzählung *Die Brücken* verliert ein Mann in dem von Deutschen besetzten Holland auf einem einsamen Vorortsgelände alle seine Papiere. Während er sie dort sucht, verändert sich plötzlich seine Umgebung: »Die Brücke, über die er erst vor ein paar Minuten gegangen war, erhob sich, um sich langsam und schräg in die Luft zu stellen, mit einem schnarrenden kreischenden Geräusch, und dieses Geräusch schien auch anderswoher zu kommen, und er drehte den Kopf und sah, auf der anderen Seite, sehr viel entfernter, eine andere Brücke aufstehen ...« So gerät der Mann in eine Razzia: Juden werden deportiert. Seine der Wahrheit entsprechenden Beteuerungen, er sei kein Jude, sind vergebens.

Das ist die schwächste und vermutlich die früheste Geschichte des Bandes: konventionell erzählt, mit einer weitschweifigen Exposition und mit vielen überflüssigen und adjektivreichen Beschreibungen. Doch bietet diese Geschichte die Modellsituation der Erzählungen Schneiders.

Hinter seinen Helden werden die Brücken hochgezogen. Sie sehen sich plötzlich in einer Lage, der sie nicht gewachsen sind und mit der sie nicht gerechnet haben. Sie sind isoliert. Und auch wenn sie keine Dokumente verloren haben, fühlen sie, daß ihnen der Boden entzogen ist. Was sie beteuern, kann nichts mehr ändern. Es gibt keinen Ausweg. Die Hilflosigkeit des Individuums inmitten von tatsächlichen oder auch imaginären Situationen, die unsere Welt kennzeichnen, die

Ohnmacht des einzelnen angesichts von Umständen, realen oder absurden, die er nicht verschuldet hat – das ist das Thema, das Schneider fasziniert.

In *Plädoyer* erfährt der Angestellte einer Milchpulver- und Konservenfabrik, daß der lachende Säugling, der die fragwürdigen Produkte dieser Firma ziert und ihnen zum Erfolg verholfen hat – er selber ist. Überall, in Zeitungen, Läden und Kinos, auf Plakaten und Briefbögen sieht er jetzt sein Bild, von seinen Kollegen und Bekannten glaubt er sich als »ewiger Säugling« verspottet: »Quälend war die ständige Begegnung mit mir selbst, wäre es ohne die Lüge gewesen, die aus meinem Bilde sprach, und war es mit der Lüge noch mehr.«

Wie einst Kafkas Gregor Samsa »in seinem Bett zu einem ungeheueren Ungeziefer verwandelt« wurde, so erwacht ein Tierarzt in der Erzählung *Metamorphosen* – Schneider spielt übrigens auf das Kafka-Vorbild zweimal an – mit einem über Nacht gewachsenen Schweif. Der unerwartete Zuwachs macht den Tierarzt unglücklich: Er wird von seinem Arbeitgeber sofort entlassen und aus der Gesellschaft ausgestoßen: »Ich weiß nur noch, daß ich durch menschengefüllte Straßen hetzte, Geschrei und Gaffen hinter mir herzog wie einen zweiten Schweif zu meinem ersten.«

Aber demselben Umstand, der eben erst seine gesamte Existenz bedroht hat, verdankt er eine nochmalige Veränderung seiner Rolle und Situation, denn: »Die Welt, in der ich lebte, wurde allmählich von einem wahren Schwanztaumel ergriffen.« Der Paria kann unversehens zum Liebling der Gesellschaft avancieren, der ehemalige Arbeitnehmer wird – als Produzent der jetzt modernen künstlichen Schwänze – selbst Arbeitgeber.

Alle Geschichten dieses Bandes steuern auf die letzte und längste hin: *Gitter*. Sie exemplifiziert das Grundmotiv auf moralpolitischer Ebene. Die Erzählung geht übrigens auf Schneiders Hörspiel *Widerstand* (1958) zurück. Der Vergleich der beiden Arbeiten ist aufschlußreich. Im Hörspiel waren die Vorgänge in Zeit und Ort fixiert: Ein verhafteter Kommunist, der seine Genossen nicht verraten will, wird von der Gestapo sofort freigelassen, weil sie annimmt, daß gerade dies den Mann bei den Seinen den schlimmsten Verdächtigungen aussetzen und zu seiner Isolation und schließlich zu seiner Kapitulation führen muß.

In der Erzählung *Gitter* hingegen steht im Mittelpunkt ein nicht näher bezeichneter Widerstandskämpfer; und statt des nationalsozialistischen Deutschland bildet den Hintergrund jetzt der totalitäre Staat schlechthin. Was immer der Held der Erzählung tut, ob er seine Kampfgefährten denunziert oder nicht – in ihren Augen wird er doch zum Verräter. Seine Freundin sagt: »Er hat nichts getan, er kann das nicht.« Man antwortet ihr: »Sie haben ihn bloß drei Tage behalten.« So wurde – heißt es dann – »ein Gitter herabgelassen: . . . Gitter Vorsicht, Gitter Mißtrauen, Gitter mit den hundert Augen des Argwohns, teilend die ohnehin winzig gewordene Welt nochmals«.

Schneider hat für diesen Stoff die adäquate Form gefunden: Er läßt den Protagonisten und seine Freundin in Ich-Erzählungen berichten, die miteinander verbunden sind und auch ineinander übergehen. Wie er in geschickter Steigerung dramatische Effekte zu servieren und retardierende Elemente einzuschieben weiß, das zeugt von einer beachtlichen Kunstfertigkeit.

Allerdings zeigt sich in einigen Stücken des Bandes, daß Schneider der Versuchung, die dargestellten Vorgänge zu kommentieren, nicht immer widerstehen kann. Die unmittelbare psychologische Motivation ist selten originell und häufig entbehrlich. Das gilt auch für die pädagogischen Schlußakkorde, etwa in der Geschichte *Unterbrechung*, der Vision eines Atomkrieges. Wer seine Leser unterschätzt und ihnen daher allzu behilflich sein möchte, läuft Gefahr, sie zu verscheuchen.

Indes sind diese Schwächen in den satirischen Erzählungen so gut wie überhaupt nicht spürbar: In *Metamorphosen*, in *Plädoyer* und auch in der amüsanten Geschichte *Literatur* zeichnet sich das wohlklingende und elegante Gefälle seiner Prosa durch jene »virtuose Solidität« aus, auf die der Klappentext mit Recht hinweist. Die hier und da etwas beunruhigende Geläufigkeit Schneiders wird dann durch den diskret-ironischen Unterton vorzüglich relativiert.

Der satirische Roman, die ironische und groteske Parabel, die gesellschaftskritische Parodie – das ist es wohl, was wir vor allem von Rolf Schneider erwarten dürfen. Er wird noch viel experimentieren, aber sein Thema hat er, wenn ich mich nicht ganz täusche, bereits gefunden: Es ist der Mann, der sieht, daß die Brücken hinter ihm hochgezogen und die Gitter vor ihm herabgelassen sind.

(1965)

Alles aus zweiter Hand
Rolf Schneider, *Der Tod des Nibelungen*

Wenn es auch, um es gleich zu sagen, pure Zeitverschwendung ist, Rolf Schneiders Roman *Der Tod des Nibelungen*[1] zu lesen, mag es doch nicht ganz überflüssig sein, zu fragen, wie es zu einem derartigen literarischen Produkt kommen konnte. Denn seinem Verfasser, dem 1932 geborenen Rolf Schneider, fehlt es nicht an Intelligenz und Begabung, Witz und Beredsamkeit; und wir verdanken ihm den auf dem Hintergrund der DDR-Literatur höchst beachtlichen Erzählungsband *Brücken und Gitter* (1965) sowie das preisgekrönte Hörspiel *Zwielicht* (1966). Womit hängt also der augenscheinliche und geradezu exemplarische Fehlschlag zusammen?

Schneider ist zunächst und vor allem ein Satiriker, Ironiker und Parodist, ein Mann der grotesken Parabel und der sarkastischen Gesellschaftskritik. Dies alles in der DDR? Nun, man braucht ihn nicht zu bemitleiden. Gewiß, wo es schwer ist, keine Satiren zu schreiben, da ist es in der Regel noch schwerer, Satiren zu veröffentlichen. Und wo man die Satiriker fürchtet, da haben die Schriftsteller, die etwas taugen, nichts zu lachen, da kann die Literatur nur vegetieren.

Aber Rolf Schneider gehört nicht zu den Unberechenbaren und den schwer Lenksamen, zu den Unbequemen und den Hartnäckigen, die der SED Sorgen bereiten. Mit ihm läßt sich reden und verhandeln – vielleicht deshalb, weil er den Kommunismus nicht so ernst nimmt wie manche seiner schreibenden Generationsgenossen.

Nein, ein Fanatiker ist er bestimmt nicht, vielmehr ein gewandter und aufgeschlossener Pragmatiker des literarischen Gewerbes, ein cleverer und emsiger Routinier, dem man weder Weltfremdheit noch Borniertheit vorwerfen kann. Im Gegenteil, seine zahlreichen Arbeiten für Funk und Fernsehen, Theater und Film zeugen von Umsicht und vorzüglicher Marktkenntnis, von rascher und konsequenter Anpassungsfähigkeit und von handwerklicher Geschicklichkeit. Solche elastischen und zuverlässigen, wendigen und zugleich doch sattelfesten Autoren, die sich nicht zieren und sich auch unter Preis verkaufen, sind nirgends beliebt und werden nirgends sonderlich geschätzt. Aber man benötigt sie überall. Denn sie halten – im Osten ebenso wie im

Westen – den Betrieb aufrecht.

Übrigens wollen sie uns meist augenzwinkernd zu verstehen geben, daß sie sich mit der laufenden Herstellung literarischer Konfektionsgegenstände nur befassen, um Zeit und Ruhe für jene Werke zu gewinnen, an denen ihnen wirklich gelegen sei. Freilich will diese Rechnung nie so recht aufgehen: Die angestrebte Doppelgleisigkeit mit der säuberlichen Trennung von Kunst und Kunstgewerbe ist stets illusorisch. Der Roman *Der Tod des Nibelungen* zeigt das erneut.

Schneider hat in dieses Buch viel Fleiß und Ehrgeiz investiert, es ist ernst gemeint und sorgfältig geplant. Indes hat er sich schon in der Wahl seines Themas arg verkalkuliert. Natürlich kennt er allerlei Pannen seiner weniger vorsichtigen DDR-Kollegen, deren Manuskripte ungedruckt liegen blieben, es ist nicht seine Art, sich auf riskante Abenteuer einzulassen. So hat er in seinen bisherigen Hervorbringungen mit schöner und verständlicher Regelmäßigkeit jenen Schauplatz der Handlung ausgespart, der den Autoren in der DDR von ihren amtlichen Betreuern immer wieder empfohlen wird – nämlich die DDR selber.

Auch die im *Tod des Nibelungen* erzählte Geschichte eines Bildhauers namens Wruck spielt sich ganz in der Vergangenheit ab: zuerst noch in der wilhelminischen Epoche, dann in den zwanziger Jahren und schließlich und vor allem im nationalsozialistischen Deutschland. Mit der Verhaftung des Helden durch die Amerikaner – im Jahre 1945 – bricht das Ganze ab.

In der Tat scheint die Zeit des »Dritten Reiches« für den satirischen Roman eines in der DDR lebenden, doch auf die Resonanz in beiden deutschen Staaten bedachten Autors gerade das rechte Thema zu sein, und zwar sowohl aus literarischen als auch aus praktischen und taktischen Gründen. Einerseits bietet das Zeitgeschehen extreme Situationen, in denen sich vielfach in unmittelbarer Nähe des Makabren auch das Komische verbirgt, und zugleich darf der Romancier bei den Lesern in beiden Teilen Deutschlands jene Kenntnis des Hintergrunds voraussetzen, die es ihm ermöglicht, oft mit Chiffren und Anspielungen zu operieren. Andererseits ist dieses Thema in der DDR für die satirische Darstellung freigegeben.

Aber Schneider hat zunächst den Fehler gemacht, seinem Helden und Ich-Erzähler überhaupt kein Talent und nur wenig Verstand zu gönnen und ihn auch noch mit einer kleinbürgerlich-muffigen, betont provinziellen Mentalität zu versehen: ein unbegabter, doch sehr ehrgeiziger Bildhauer, der im Berlin der Weimater Republik erfolglos bleibt und sich natürlich den Nazis prompt in die Arme wirft und von ihnen gern akzeptiert und sogar gefeiert wird – das ist nun doch ein zu banales Motiv, als daß sich ihm viel abgewinnen ließe.

Es sei denn, die Geschichte wäre so erzählt, daß man sie als Gleichnis lesen könnte. Das eben ist bei diesem Buch der springende Punkt.

Während der Arbeit an dem Roman mag Schneider gemerkt haben, daß sein Thema gar nicht so ungefährlich, ja, daß es immer noch brisant ist, zumindest in der DDR. Denn die parodistische Kritik an dem Kulturbetrieb zwischen 1933 und 1945 muß sofort aktuelle und höchst unliebsame Assoziationen hervorrufen. Der Grund ist sehr einfach: Mag auch die Bundesrepublik die Hölle auf Erden und die Heimat aller Nazis und Verbrecher sein, die DDR dagegen ein wahres Paradies und die Heimat der Werktätigen und der Antifaschisten, so kann doch kein einigermaßen einsichtiger Mensch bestreiten, daß das Kulturleben hier im wesentlichen den Gesetzen der kapitalistischen Marktwirtschaft, dort hingegen den Erfordernissen einer politischen Bewegung unterworfen ist.

Schon deshalb aber wäre ein Gleichnis vom opportunistischen Künstler, der dem »Dritten Reich« dient, nicht auf westdeutsche Verhältnisse übertragbar, sondern peinlicherweise gerade auf jene, die der Autor des Romans *Der Tod des Nibelungen* am genauesten kennt und am wenigsten attackieren wollte. Um nun nicht in des Teufels Küche zu kommen, mußte Schneider pedantisch darauf achten, daß sich seine Geschichte vom Bildhauer, der für die Nazis arbeitet, niemals einer Parabel vom Künstler in der Diktatur nähert. Tatsächlich hat er alle derartigen Elemente streng eliminiert, was ihm gewiß nicht leichtgefallen ist.

Durch diese permanente Rücksichtnahme, diese innere Zensur, wurde Schneiders schriftstellerische Kraft vollkommen gelähmt: Statt eine satirische Parabelgeschichte zu bieten, reiht er lediglich Episoden und Anekdoten, Details und Reflexionen, Genreszenen und Situationsbilder aneinander, die allesamt nichts ergeben und im Grunde niemanden treffen, nicht einmal die alten Nazis.

So leblos die erfundenen Figuren, so klischeehaft sind die historischen Gestalten (Hitler, Göring, Goebbels), und so zahlreich die erwähnten Maler, Schriftsteller, Schauspieler oder Regisseure, sowenig ist es gelungen, die Atmosphäre des Kulturbetriebs auch nur anzudeuten, geschweige denn zu karikieren. Die muntere und betont forsche Tonart und der verkrampfte und mühevoll aufgepumpte Humor können nicht verbergen, daß hier, kurz gesagt, unentwegt leeres Stroh gedroschen wird.

»Aus zweiter Hand« – so war einst Schneiders amüsanter Parodienband betitelt – stammt alles, was er diesmal erzählt. Es sind immer nur Lesefrüchte, die er uns offeriert. Das gilt auch für die Form des Ganzen: Sie ist vom Salomonschen *Fragebogen* übernommen. Wiederum dient also als Grundriß der Geschichte der bekannte Fragebogen der Alliierten Militärregierung mit seinen 131 Fragen. Aber Schneider, der offenbar glaubt, Salomons Buch zu persiflieren – dazu wäre es übrigens auch schon zu spät –, kann es in Wirklichkeit nur imitieren. Das Schema, das – freilich vor bald zwanzig Jahren – immerhin eine Selbstauseinandersetzung und ein Zeitdokument ermöglicht hat, mißbraucht er für einen läppischen und entwaffnend harmlosen Roman.

Die anderen Vorbilder, denen Schneider hier mit heißem Bemühen nacheifert, sind ebenfalls, wenn man von früheren Autoren (Sternheim, Heinrich Mann, Klaus Manns *Mephisto*) absieht, durchwegs westlicher Provenienz. Man trifft in diesem Buch lauter alte Bekannte wieder, einer wenigstens sollte genannt werden: Günter Grass. *Die Blechtrommel, Katz und Maus* sowie die *Hundejahre* hat Schneider, das muß man ihm lassen, sehr aufmerksam studiert, bisweilen auch mit Gewinn.

Wird *Der Tod des Nibelungen* in der DDR – dort soll das Buch in einigen Monaten erscheinen – ein Publikum finden? Das ist nicht ausgeschlossen, denn: »In einem Lande, wo der Kaffee noch nicht bekannt geworden wäre, würde vielleicht ein Kaufmann Glück machen, der mit Zichorien handelte und sie für den echten Mokka ausgäbe.«[2] Also schrieb August Wilhelm Schlegel im Jahre 1828.

(1970)

Der Fänger im DDR-Roggen
Ulrich Plenzdorf, *Die neuen Leiden des jungen W.*

Über diese *Neuen Leiden des jungen W.*[1] ist schon allerlei geschrieben worden. Und nicht nur in der DDR, wo das Werkchen verständlicherweise Furore macht, stehen sich sehr unterschiedliche Urteile schroff gegenüber. So meinte Fritz J. Raddatz, Plenzdorfs Prosa scheine »die Geburt einer eminenten neuen Begabung zu annoncieren, vielleicht sogar den lang erwarteten Anfang einer neuen Literatur«[2]. Dies, dachte ich mir still, ist zumindest stark übertrieben. Als jedoch Dieter E. Zimmer das Plenzdorf-Opus mit einem beiläufigen und gleichwohl kräftigen Fußtritt in die unmittelbare Nachbarschaft der *Love Story* beförderte[3], da hatte ich Lust, abermals zu widersprechen und dem so schnöde in Segalsche Niederungen verbannten DDR-Produkt einen Platz auf etwas höherer Ebene und jedenfalls in weniger anrüchiger Umgebung zuzuweisen.

Dabei haben meine beiden verehrten Kollegen gar nicht unrecht, und wer immer diese Erzählung rühmt oder mißbilligt, kann mit ernsten und triftigen Argumenten aufwarten. Nur daß die extremen Urteile, zu denen Plenzdorf in der Tat verleitet, stets bloß *einen* Aspekt dieses Gegenstands akzentuieren. Indes haben wir es hier, glaube ich, mit einem Buch zu tun, dem man auf die Gefahr hin, als lauwarmer Kompromißler verschrien zu werden, lediglich mit einem vorsichtigen Einerseits, Andererseits und einem abwägenden Zwar, Aber beikommen kann. Denn so unverkennbar der süßliche Geruch einer proletarischen *Love Story*, so ist dieser Autor doch zugleich eine »eminente neue Begabung«. Fragt sich nur: Begabung wozu und wofür?

Ulrich Plenzdorf, geboren 1934, arbeitet seit Jahren für die DEFA als Szenarist. Er ist also ein leidgeprüfter Mensch. Nein, das soll keineswegs eine Anti-DDR-Äußerung sein. Denn das Schreiben von Filmdrehbüchern mag zwar seinen Mann ernähren, ist aber überall, im Osten wie im Westen, ein besonders mühseliges Geschäft: Wer an ihm teilnimmt, muß sich nach der Decke strecken und ist, ungleich mehr als ein Buchautor, von Auftraggebern abhängig, die mit Hilfe von Filmen entweder ihr Scherflein zum Klassenkampf beisteuern oder ein

Vermögen verdienen wollen und bisweilen beide Fliegen – die edle Idee und den schnöden Mammon – mit einer Klappe schlagen möchten.

Aber wenn auch die Zusammenarbeit mit dem Film in der Regel keinen übermäßig günstigen Einfluß auf den Charakter der Schriftsteller ausübt und meist ihre Gefügigkeit und Resignation rasch steigert, so kann sie doch dazu beitragen, daß sie lernen, listig vorzugehen und das ihre unter den auferlegten Bedingungen an den Mann zu bringen.

Dem Autor Plenzdorf läßt sich die harte und langjährige Schule in der Filmbranche sehr wohl anmerken: Er ist ein wendiger und gewitzter Schreiber, gewohnt, seine Arbeitgeber zufriedenzustellen, das Publikum zu unterhalten und auf jeden Fall die Kirche im Dorf zu lassen. Er hat ein gutes Ohr für die Sprache des Alltags und eine feine Nase für das Aktuelle, er hat vor allem ein erstaunliches Gespür für das Mögliche, für das jeweils Realisierbare. Er weiß auch sehr genau, wie und was die Konkurrenz (die friedlich-sozialistische und erst recht die wölfisch-kapitalistische) produziert. Kurz: ein richtiger Fachmann. Und was gute und richtige Fachleute im Bereich der Literatur zu liefern pflegen, zeichnet sich oft durch eine auf den ersten Blick paradoxe Eigentümlichkeit aus: Es ist epigonal und dennoch nicht unselbständig, es wirkt höchst routiniert und scheint trotzdem durchaus originell.

Man sollte aber nicht vermuten, Plenzdorfs Erzählung habe etwas Epigonales, weil er sie als moderne Werther-Paraphrase ausgibt. Diese Geschichte des siebzehnjährigen Lehrlings und Arbeiters Edgar Wibeau hat mit dem *Werther*, bei Lichte besehen, gar nicht so viel zu tun. Gewiß, auch Plenzdorfs Held empfindet die Verhältnisse, in denen er lebt, als eng und unerträglich und zieht sich in Einsamkeit und Innerlichkeit zurück, auch er sucht Trost bei der Kunst: In dem verlassenen Ostberliner Schrebergarten, in dem er haust, malt Edgar Wibeau (abstrakte Bilder), dort hört er Tonbänder (vornehmlich Beat-Musik), dort meditiert er auf seine Weise über Literatur (doch nicht über einen Roman etwa von Scholochow, sondern von Salinger).

Und dort findet er (auf dem Klo übrigens) ein Reclam-Heft, dessen Titelseite er zwar für dringende und eher prosaische Bedürfnisse verwendet, dessen Text ihn jedoch – es handelt sich eben um den *Werther* – zunächst nur belustigt, aber später irritiert und geradezu fasziniert. Mehr noch: Die bald einsetzende Liebesgeschichte, die er in jenem Schrebergarten erlebt, ist in ihren Umrissen dem Goetheschen Roman nachgebildet.

Auch Edgars Lotte (er nennt sie smarterweise Charlie) erscheint, wie es sich gehört, von Kindern umgeben (sie ist Kindergärtnerin), auch hier wird das Idyll vom heimkehrenden Verlobten gestört, der, dem Goetheschen Albert nicht unähnlich, ein korrekter, doch trockener und ziemlich langweiliger Kerl ist. Die Erzählung endet mit dem Tod des leidenden jungen W., der freilich diesmal – und mit gutem Grund – keinen Selbstmord verübt.

An ernsten und munteren *Werther*-Analogien fehlt es also nicht, auch nicht an wörtlichen Zitaten. Denn in den Berichten, die Edgar seinem Kumpel schickt (aus Wilhelm ist Old Willi geworden, und er erhält statt der Briefe Tonbänder), führt er, zunächst bloß aus Jux, Goethe-Stellen an, vor allem solche, die seine eigene Situation verdeutlichen können.

Welch Einfall, aber ach, ein Einfall nur! Mit anderen Worten: Plenzdorfs Rückgriff auf den *Werther* erweist sich als ein amüsanter Trick, als ein frappierender Gag. Nicht mehr und nicht weniger. Der klassische Stoff, als Folie und Rahmen verwendet, ist letztlich doch nur, was die Journalisten einen Aufhänger nennen. Die Parallelen, die vielen Verweise und Anspielungen haben häufig etwas (im fragwürdigen Sinne) Kabarettistisches, etwas Operettenhaftes. Sie sind und bleiben vordergründig und bisweilen billig und auch, kurz gesagt, einfach läppisch.

Wie wenig Plenzdorf seinem fundamentalen Einfall abgewinnen konnte, zeigen die beiden neben dem Titelhelden wichtigsten Figuren: Sowohl die zwanzigjährige Kindergärtnerin Charlie als auch ihr Verlobter Dieter, der gerade seinen Dienst als Offizier bei der Volksarmee abgeleistet hat, sind kaum mehr als skizzenhafte Rollenentwürfe, denen vielleicht hervorragende Schauspieler – handelte es sich um einen Film – zu etwas Leben verhelfen könnten. Da aber Dieter und vor allem Charlie pure Schemen sind, bleibt auch die Liebesgeschichte blaß und schemenhaft. Das Erotische hat, mit Verlaub, sogar der Großkitschier Erich Segal in seiner vielgeschmähten *Love Story* denn doch etwas besser gemacht. Nur daß Edgars Romanze mit Charlie hier, möchte ich meinen, fast nebensächlich ist.

Nein, es ist eben nicht die Liebe, an der Edgar Wibeau leidet, wie es

auch nicht Goethes Schatten ist, von dem dieses Büchlein lebt. Wenn
es streckenweise epigonal anmutet, so der (oft aufdringlich durchschei-
nenden) zeitgenössischen Vorbilder wegen: von Böll, auf den Plenzdorf in einer Diskussion selber hingewiesen hat[4], bis zu Uwe Johnson
und Christa Wolf. Zumal die Komposition der *Neuen Leiden* ist den
Johnsonschen *Mutmaßungen* stark verpflichtet und scheint mir auch
von dem *Nachdenken über Christa T.* nicht unabhängig.

Das Ganze besteht aus (meist knappen) Gesprächen mit Personen
aus Edgars Umgebung, die, da er nun gestorben ist, seinen Weg in die
Einsamkeit zu erklären versuchen. Es sind die schwächsten Passagen
des Buches: Die eher dürftigen und auch in stilistischer Hinsicht
farblosen Dialoge tragen zur Geschichte, die hier erzählt wird, überraschend wenig bei. Diese Gespräche ergänzen den Bericht des toten
Edgar, der – also gewissermaßen aus dem Jenseits – über sein Leben
plaudert, die kommentierenden Äußerungen der befragten Personen
seinerseits kommentiert und auch noch jene Briefe zitiert, die er in der
Gartenlaube auf Tonband gesprochen hat.

In diesem Bericht, der weit über die Hälfte des Buches ausmacht,
wird mehrfach und enthusiastisch Salingers *Fänger im Roggen* (1951)
erwähnt. Der berühmte Roman ist Edgars Lieblingslektüre und Plenzdorfs wichtigstes Vorbild. Nicht darauf kommt es an, daß er von
Salinger vieles übernommen hat – bis hin zu den in Edgars Ich-Erzäh-
lung refrainartig wiederkehrenden stereotypen Wendungen –, sondern
daß er sich von der Fragestellung in diesem Meisterwerk der amerikanischen Nachkriegsliteratur, von seiner Atmosphäre und seinem ganzen Ambiente eindeutig und nachhaltig inspirieren ließ. Nicht *Die
neuen Leiden des jungen W.* sollte Plenzdorfs Buch betitelt sein,
vielmehr: *Der Fänger im DDR-Roggen.*

Aber so unverkennbar seine direkte Abhängigkeit von Salinger, so
geschickt und häufig überzeugend die Adaptation des Vorbilds, seine
Paraphrasierung auf dem Hintergrund der Ostberliner Verhältnisse.
Daher kann Plenzdorfs schriftstellerische Leistung als epigonal und
originell zugleich gelten. Edgars Diktion zeigt dies ebenfalls. Sein
kesser und schnoddriger, gelegentlich derber und oft bewußt unbehol-
fener Slang soll die Sprache der jungen Arbeiter in der DDR, wie
dortige Kritiker versichern, glänzend wiedergeben. Ich bin da etwas
skeptisch, weil mich Edgars Ausdrucksweise und Tonfall doch sehr an

Salinger erinnern oder, richtiger gesagt, an Bölls Übersetzung des *Fänger im Roggen*. Wir haben es wohl eher mit einer (durchaus gelungenen und für Plenzdorf sehr typischen) Synthese aus Nachahmung und Authentizität zu tun.

Ähnlich wie der amerikanische Roman erzählt auch dieses Buch von einer eigentlich sehr simplen und fast rührenden Rebellion. Und wie es dort nicht um den Kapitalismus ging, geht es hier nicht um den Sozialismus. Sowohl Salingers Collegestudent Holden Caulfield als auch Plenzdorfs Lehrling Edgar Wibeau halten die Gesellschaftsordnung in den Ländern, in denen sie geboren wurden und aufgewachsen sind, für etwas Selbstverständliches. Eine andere Welt kennen sie überhaupt nicht.

Wogegen sie naiv und trotzig protestieren, sind die Formen des Zusammenlebens, die sie für unerträglich vor allem deshalb halten, weil sie ihre Selbstverwirklichung permanent verhindern. Holden und Edgar lassen sich in eine Außenseiterposition treiben, die gesellschaftsfeindlich ist, für die aber beide Autoren die Schuld bei der Gesellschaft suchen. Also eine apolitische Meuterei, eine pubertäre Auflehnung? Das schon, nur daß in einem Staat, wo die Politik in das private Leben eines jeden Individuums eindringt und es unentwegt regeln und überwachen möchte, jede Kritik an der Welt der Erwachsenen automatisch einen eminent politischen Charakter hat. Das eben unterscheidet Plenzdorfs Buch – von dem Qualitätsunterschied will ich hier überhaupt nicht reden, er ist gewaltig – von dem Roman Salingers.

Wie immer der DDR-Autor sich wenden und drehen mag, wie sehr er sich bemüht, die Flucht Edgars aus dem Betrieb, in dem er arbeitet, mit seiner jungenhaften Sehnsucht nach dem großen Abenteuer zu entschärfen und mit einem Hauch von Exotik zu verharmlosen – sein Leben in der Schreberkolonie soll bisweilen einer Robinsonade inmitten der Großstadt ähneln –, so gewiß ist jene Abkürzung, die kein einziges Mal in dem Buch verwendet wird, doch stets zwischen den Zeilen gegenwärtig – die Abkürzung SED.

Edgar flieht, weil er die staatliche Bevormundung und die ewige Gängelung junger Menschen in der DDR satt hat, weil er die als sozialistische Erziehung geltenden Demütigungsriten verabscheut. »Irgendwie entwürdigend« nennt er die öffentliche Selbstkritik: »Ich finde, man muß dem Menschen seinen Stolz lassen.« Damit wird eine

Institution, die im kommunistischen Ritual dieselbe Bedeutung hat wie im katholischen die Beichte, kurzerhand verurteilt.

Von Lehrern immer wieder mit der Frage nach seinen Vorbildern bedrängt, hätte er – aber er hat es nicht gewagt – am liebsten geantwortet: »Mein größtes Vorbild ist Edgar Wibeau. Ich möchte so werden, wie er mal wird. Mehr nicht.« Ja, es genügte, daß ihm ein Buch empfohlen wurde, damit er es »blöd fand, selbst wenn es gut war«. Sogar seine Abneigung gegen die Volksarmee darf Edgar, wenn auch sehr vorsichtig, andeuten. Den Schlüsselsatz, der die Art der Rebellion Edgars unmißverständlich erkennen läßt, sagt er über eine Filmfigur: »Alles das machte er mit, aber einreihen ließ er sich deswegen noch lange nicht.«

Für seinen Rückzug aus dem Kollektiv macht Edgar eindeutig das Kollektiv verantwortlich: »Und daran seid ihr alle schuld, die ihr mich in das Joch geschwatzt und mir so viel von Aktivität vorgesungen habt.« Mehr noch: Dieser jugendliche Einzelgänger, dieser Rowdy und Gammler, ist frech genug, seine passionierte Vorliebe für allerlei Westliches, zumal Amerikanisches, ostentativ zu bekennen. Hier findet sich der immerhin bemerkenswerte Satz: »Für Jeans konnte ich überhaupt auf alles verzichten . . .« Damit aber auch alle Leser Plenzdorfs verstehen, daß das, sollte man denken, harmlose Kleidungsstück zugleich symbolisch gemeint ist, heißt es etwas weiter: »Jeans sind eine Einstellung und keine Hosen.«

Das alles darf man also in der DDR schreiben und drucken? Nein, man darf es leider nicht oder jedenfalls noch nicht. Um sagen zu können, was er sagen wollte, hat Plenzdorf (doch wohl widerwillig) einen hohen Preis gezahlt. Er versieht seinen kessen Trotzkopf und Outsider mit allerlei Attributen, die ihn unter der Hand den traditionellen positiven Helden des Sozialistischen Realismus wieder annähern, und das auf ziemlich fatale Weise.

In seiner Laube hört Edgar eben nicht nur kapitalistisch-dekadente Musik, dort arbeitet er auch einsam und hartnäckig an einer technischen Erfindung – einer neuartigen Farbspritzpistole –, die dem Kollektiv und dem volkseigenen Betrieb zugute kommen soll. Überdies kritisiert er – vom Jenseits aus – nachdrücklich sein Verhalten, zumal seinen Rückzug: »Aber es soll keiner denken, ich hatte vor, ewig auf meiner Kolchose zu hocken und das . . . Immer nur die eigene Visage sehen, das macht garantiert blöd auf die Dauer. Das poppt dann einfach nicht. Der Jux fehlt und das. Dazu braucht man Kumpels, und dazu braucht man Arbeit. Jedenfalls ich.« Und damit ist ja alles wieder in Butter.

Auch sein kleines Abenteuer mit der sauberen Kindergärtnerin verurteilt er *post festum*: »Zwar hatte *sie* mit der Küsserei angefangen. Aber langsam begriff ich, daß ich trotzdem zu weit gegangen war. Ich als Mann hätte die Übersicht behalten müssen.« Unser kleiner Ausreißer ist, wie man sieht, doch ein rechter DDR-Musterknabe.

Schließlich und vor allem hat Plenzdorf eine massive didaktische Schlußpointe in Reserve, die er den Lesern gleich am Anfang mitteilt: Während der Arbeit an seiner Erfindung wird Edgar in der verlassenen Laube vom elektrischen Schlag getroffen und stirbt. Doch tötet den Jungen mitnichten jener Zufall, den man gern als blind bezeichnet. Edgar wird vielmehr zum Opfer seines Leichtsinns, seiner Querköpfigkeit und Einzelgängerei, seiner Unfähigkeit sich einzureihen und unterzuordnen. Der tote Edgar weiß auch genau, was sein größter Fehler war: »Ich war zeitlebens schlecht im Nehmen. Ich Idiot wollte immer der Sieger sein.«

Was wollte nun Plenzdorf zeigen? Daß in der DDR für einen jungen Menschen mit Charakter das Leben im Kollektiv eine Qual sei? Wollte er sagen, was Wolf Biermann schon 1962 ausgedrückt hat mit den Versen: »Er ist für den Sozialismus/Und für den neuen Staat/Aber den Staat in Buckow/Den hat er gründlich satt«? Oder wollte Plenzdorf mit Schiller predigen: Ans Kollektiv, ans teure, schließ dich an, das halte fest mit deinem ganzen Herzen, hier sind die starken Wurzeln deiner Kraft? – Ich meine: Beides ist unzweifelhaft in seiner Erzählung, und man sollte sich hüten, nur eine der beiden Seiten zu sehen.

Auch sollte man sich nicht wundern, daß diese *Neuen Leiden des jungen W.* in der DDR außerordentlich ernst genommen werden und größtes Aufsehen hervorrufen. Nichts in dieser letztlich so dürftigen Erzählung signalisiert zwar den »lang erwarteten Anfang einer neuen Literatur«. Doch ist sie ungleich mehr als die *Love Story*.

Plenzdorfs geschickt präpariertes Opus gehört zu jenen Büchern – auch für Remarques *Im Westen nichts Neues*, auch für Hochhuths *Stellvertreter* gilt dies –, deren künstlerische und intellektuelle Bedeutung geringfügig oder fragwürdig ist und die dennoch wichtige literarische Dokumente ihrer Zeit sind, weil sie zum ersten Mal etwas artikulieren oder erkennen lassen, was vorher überhaupt nicht oder nicht so deutlich sichtbar war.

(1973)

Der Dichter ist kein Zuckersack
Wolf Biermann und die SED

Wessen Macht ist eigentlich größer: die des ersten Arbeiter- und Bauernstaats auf deutschem Boden, der vom antifaschistischen Schutzwall umgebenen Bastion des Friedens, der Deutschen Demokratischen Republik also – oder etwa die des Bänkelsängers Wolf Biermann? Eine absurde Frage. Nein, nicht die Frage ist absurd, vielmehr scheint es mir die Situation zu sein, auf die sie hinzielt.

Seit dem 1. Dezember 1965 ist gegen den neunundzwanzigjährigen, in Ostberlin lebenden Wolf Biermann in der Presse der DDR eine Kampagne im Gange, die alle Aktionen, die dort in den letzten Jahren gegen Schriftsteller unternommen wurden, sowohl an Schärfe als auch an Intensität übertrifft. Für das Organ des Zentralkomitees der Sozialistischen Einheitspartei Deutschlands, das *Neue Deutschland*, ist der Fall Biermann wichtig genug, um auf ihn seit zwei Wochen in fast jeder Nummer zu sprechen zu kommen – in Artikeln, Versammlungsberichten, Glossen, Erklärungen und Leserbriefen. Allein die Ausgabe vom 12. Dezember 1965 bringt im Kulturteil sechs Leserbriefe gegen den verfemten Poeten. Das Organ des Zentralrats der FDJ, *Forum*, eröffnet seine erste Dezembernummer mit einem gegen Biermann gerichteten, auf drei Zeitungsseiten sich erstreckenden Artikel des Chefredakteurs Klaus Helbig. Auch andere Blätter – wie etwa die auflagenstarke *BZ am Abend* – nehmen an der Kampagne teil.

Die gegen Biermann erhobenen Vorwürfe sind eindeutig. Er sei »Anhänger der Spontaneität«, des »Skeptizismus« und einer »anarchistischen Philosophie«, er sei »politisch pervers« und pervers ebenfalls »im Sexuellen«, »er zerhackt die Verbindungen mit dem Volk, die Verbindungen mit der Partei«, er versuche, »die Wehrbereitschaft unserer Jugend zu verunglimpfen« und »das patriotische Bewußtsein ... zu untergraben«, er wolle »den Sozialismus ohne politische Führung aufbauen«, er lasse »gehässige Strophen gegen unseren antifaschistischen Schutzwall und unsere Grenzsoldaten erklingen«, ihm fehle »das Ja zum sozialistischen deutschen Staat«, und er falle »den westdeutschen humanistischen Kräften in den Rücken«.

Indes ist der Mann, der so heftig und beharrlich attackiert wird, als

Autor in der DDR kaum existent. In keinem einzigen Nachschlage-
werk kann man seinen Namen finden. Es gab und gibt dort keine
Ausgabe – nicht einmal eine bescheidene Auswahl – seiner Gedichte
und Lieder. Auch in Zeitungen und Zeitschriften ist drüben nur sehr
wenig von Biermann gedruckt worden. Sein Theaterstück *Berliner
Brautgang* wurde nach der Generalprobe verboten. Schallplatten mit
Biermann-Songs waren zwar vorbereitet, durften jedoch nicht hergestellt werden. Seine öffentlichen Auftritte hat die SED von Anfang an –
vor drei Jahren hörte man seinen Namen zum ersten Mal – gedrosselt
und häufig untersagt. Sie werden seit einigen Monaten konsequent
verhindert.

Unter diesen Umständen ist ein Teil des Publikums in der DDR auf
den Dichter Wolf Biermann erst durch die gegenwärtigen Attacken
und durch die in ihnen enthaltenen Zitate aufmerksam gemacht worden. Mit derartigen Folgen mußte man im Zentralkomitee natürlich
rechnen. Warum hielt man es dort nicht mehr für möglich, sich mit
den Strafmaßnahmen, die traditionsgemäß in solchen Fällen getroffen
werden, zu begnügen, also mit Publikations-, Auftritts- und Ausreise-
verboten sowie mit dem Totschweigen in der Presse? Warum hat man
sich zu einer eben vom Standpunkt der SED höchst riskanten Propa-
gandaaktion entschlossen, wenn nicht gar hinreißen lassen?

Die unlängst in Westberlin erfolgte Veröffentlichung von dreiund-
dreißig Biermann-Gedichten [1] und die teils freundliche, teils enthusia-
stische Reaktion einiger Rezensenten in der Bundesrepublik haben
diese ganze Aktion lediglich ausgelöst. Ihre wirklichen Ursachen sind
viel tiefer. Und so widerspruchsvoll, chaotisch und hysterisch die
Artikel auch sind, die jetzt drüben gegen Biermann gedruckt werden,
sowenig es beim besten Willen möglich ist, gegen die Darlegungen des
Feuilletonchefs des *Neuen Deutschland*, Klaus Höpcke, ernsthaft zu
polemisieren – so sicher scheint es mir doch zu sein, daß sich hinter
dieser panikartigen Kampagne eine durchaus treffende Einsicht verbirgt. Es gibt Kreise und Instanzen in der DDR, die tatsächlich
Gründe haben, Biermanns freche Lieder zu fürchten.

In mancher Hinsicht ist er gerade jener junge Autor, nach dem sich
die SED-Kulturpolitiker sehnen. Sein Fragebogen entspricht dem
erwünschten biographischen Schema: Er ist der Sohn eines Arbeiters
und Kommunisten, der von den Nazis wegen antifaschistischer Tätig-

keit ermordet wurde, er trat schon als Halbwüchsiger in Hamburg einer kommunistischen Jugendgruppe bei und kehrte 1953, damals ein Siebzehnjähriger, der Bundesrepublik den Rücken. Er studierte an der Ostberliner Universität Philosophie, er war zwei Jahre Regieassistent im *Berliner Ensemble*, er wurde in die SED als »Kandidat« aufgenommen.

Ähnliches gilt, so paradox es zunächst klingen mag, auch für seine literarischen Bemühungen. Man brachte Biermann bei, daß ein junger sozialistischer Autor vor allem über die unmittelbare Gegenwart, über das Leben der Werktätigen in der DDR zu schreiben habe und bei der Betrachtung der Realität nie die politischen Gesichtspunkte ignorieren dürfe. Und daß sich ein Poet im Arbeiter- und Bauernstaat unmittelbar an die Massen wenden sollte und also für jedermann, auch für die weniger gebildeten Genossen, sofort verständlich sein müsse. Man warnte ihn nachdrücklich vor dem Formalismus und anderen ästhetisierenden und dekadenten Kunstrichtungen und Tendenzen in der verfaulenden Welt des räuberischen Imperialismus.

Der junge Mann erwies sich als gelehrig. Er schrieb über den Alltag in der DDR und über den Aufbau des Sozialismus, seine Dichtung ist gesellschaftskritisch, in ihr fehlen niemals eindeutige politische und moralische Akzente. In Biermanns Versen wird man nicht einmal die Spur von Esoterik finden, die dekadente Kunst des Westens kümmert ihn überhaupt nicht. Er spricht wirklich zu den Massen; was er will, ist jedermann sofort klar. Und da klagte mancher im Zentralkomitee: Wenn sich doch dieser Bursche einer komplizierten, gesuchten Metaphorik bedienen wollte, wenn er doch wenigstens etwas unverständlicher wäre . . .

Aber dafür war Biermann nicht zu haben. Im Gedicht *An die alten Genossen* (1962) verkündete er mit einer in der DDR verblüffenden Offenheit: »Bin unzufrieden mit der neuen Ordnung« und »Die Gegenwart . . . schreit nach Veränderung«. Er dichtete von den Kämpfen der Klassen, den

> neueren, die
> Wenn schon ein Feld von Leichen nicht
> So doch ein wüstes Feld der Leiden schaffen.

Im selben Jahr schrieb er in der *Rücksichtslosen Schimpferei*:

> Das Kind nicht beim Namen nennen
> die Lust dämpfen und
> den Schmerz schlucken
> . . .
> den Sumpf mal Meer, mal Festland nennen
> das eben nennt ihr Vernunft.

Biermanns zentrales politisches Bekenntnis findet sich in der ebenfalls schon aus dem Jahre 1962 stammenden *Ballade von dem Drainage-Leger Fredi Rohmeisl aus Buckow*:

> Er ist für den Sozialismus
> Und für den neuen Staat
> Aber den Staat in Buckow
> Den hat er gründlich satt.

Das gilt, meine ich, bis heute: Biermann ist für den Sozialismus und die DDR, aber er protestiert gegen die konkreten Verhältnisse, die die SED in dem Land zwischen der Elbe und der Oder geschaffen hat.

Im Frühjahr 1963 wurde Biermann aus der Partei ausgeschlossen, aber er lehnte es ab, sich vor der Macht zu beugen:

> Ich soll vom Glück Euch singen
> einer neuen Zeit
> doch Eure Ohren sind vom Reden taub.
> Schafft in der Wirklichkeit mehr Glück!
> Dann braucht Ihr nicht so viel Ersatz
> in meinen Worten.
> . . .
> Der Dichter ist kein Zuckersack!

Also heißt es in der *Tischrede des Dichters* von 1963. Auch in einen Schmollwinkel läßt sich Biermann nicht drängen, von »innerer Emigration«, welcher Art auch immer, will er nichts wissen. Die größte Enttäuschung hat er jedoch den »Verantwortlichen, die nichts so fürchten wie Verantwortung«, bereitet, indem er sich allen Schikanen zum Trotz mitnichten in einen Antikommunisten verwandeln wollte. Der Fall wäre dann für die Partei einfach. Denn schließlich bedrohen einen Glauben nicht die Heiden oder die Andersgläubigen und nicht einmal die Abtrünnigen: Wirklich gefährlich sind immer die Zweifler in den eigenen Reihen.

Zum Zweifel, zur Logik und zur Vernunft bekennt sich Biermann im *Selbstportrait an einem Regensonntag in der Stadt Berlin* (1965), in dem er mit berechtigtem Stolz versichert:

> Käuflich bin ich für die Währung barer Wahrheit
> In den Bunkern meiner Skepsis sitz ich sicher
> Vor dem Strahlenglanz der großen Finsterlinge.

Sitzt er wirklich sicher? Wir wagen es nicht, diese Frage zu beantworten. Tatsache aber ist es, daß sich vor allem die SED in einer peinlichen Situation befindet. Dank der intensiven Hetzkampagne wächst Biermanns Ruhm wörtlich von Tag zu Tag – und dies in beiden Teilen Deutschlands. *Die Drahtharfe* hat in kurzer Zeit die dritte Auflage erreicht, in Ostberlin wird das Buch illegal für dreißig bis vierzig Mark gehandelt (Preis in der Bundesrepublik: 5,80 DM). Maschinenabschriften einzelner Gedichte gehen drüben von Hand zu Hand. In literarischen Kreisen der DDR ist man natürlich entsetzt. Jeder fragt sich, wohin das führen soll. Kein einziger Schriftsteller der DDR hat sich übrigens bisher gegen Biermann geäußert, jeder weiß: Tua res agitur.

Bei den westdeutschen Intellektuellen wiederum, jenen zumal, an denen den Funktionären gelegen ist, hat sich die SED durch diese Aktion viel der noch vorhandenen Verständnisbereitschaft für die DDR verscherzt. Ich glaube, daß Heinrich Bölls Empörung[2] die Stimmung der meisten Schriftsteller in der Bundesrepublik wiedergibt. Auch Peter Weiss, der bekanntlich versucht hat, der DDR mit maximalem Wohlwollen zu begegnen, protestiert energisch – wie nicht anders zu erwarten war – gegen die Unterdrückung der Literatur zwischen der Elbe und der Oder.[3] Und die professionellen Scharfmacher in der Bundesrepublik, die leidenschaftlichen Ritter des kalten Krieges? Sie sind in bester Laune, sie sehen sich durch das Vorgehen der SED wieder einmal in ihren Anschauungen bestätigt.

Was immer die Partei jetzt in dieser Angelegenheit tun wird – ob sie etwas gegen Biermann unternimmt oder für ihn, ob sie die ganze Diffamierungsaktion plötzlich abbrechen läßt –, es wird mit einem Prestigeverlust verbunden sein. Die vernünftigeren Funktionäre im Zentralkomitee, die von vornherein gegen die Biermann-Kampagne waren, sagen mit Recht: Wozu haben wir das nötig gehabt? Und klagen auch: Von Taktik verstehen manche Genossen nichts mehr.

Nun frage ich: Wer ist im Augenblick in einer Zwangslage, wessen Macht ist jetzt größer – die der SED oder die des Dichters, den man nur für die »Währung barer Wahrheit« kaufen kann? Auf jeden Fall haben wir allen Anlaß, vor dem respektlosen Bänkelsänger Wolf Biermann aus Ostberlin den Hut zu lüften – nicht ohne Respekt.

(1965)

Roman vom Getto
Jurek Becker, *Jakob der Lügner*

Offen gesagt weiß ich nicht recht, wie ich diesmal anfangen soll. Wenn ich nämlich gleich verrate, worum es in Jurek Beckers Buch *Jakob der Lügner*[1] geht, wird es niemand in die Hand nehmen oder auch nur meinen Artikel weiterlesen wollen.

Wenn ich jedoch zugebe, daß es sich um ein sehr unerfreuliches und düsteres Thema handelt, aber eilig hinzufüge, der Roman sei trotzdem leicht und amüsant, dies sei ein Stück Literatur mit Charme und Grazie und mit viel Humor – dann wird man mir doch nicht ganz glauben, ja, man wird mich noch verdächtigen, daß ich hier nicht nur einem jungen DDR-Autor die Stange halten, sondern obendrein auch der Werbeabteilung des Luchterhand Verlags zu Hilfe kommen möchte. Unter uns: Eben das will ich. Denn dieser kleine und bescheidene Roman hat es mir angetan.

Kurz und gut: Von der Ermordung der Juden wird hier erzählt, vom Leben und Tod im Getto einer polnischen Kleinstadt in den Jahren des Zweiten Weltkriegs.

Natürlich ist dieses Thema nach wie vor besonders riskant. Die wichtigsten der vielen Fallen, in die hier jeder Schriftsteller geraten kann, heißen einerseits Pathos, Larmoyanz und Sentimentalität und andererseits Verharmlosung und Verniedlichung.

In dieser fatalen Situation wollen sich manche Autoren mit konsequenter Nüchternheit und Trockenheit behelfen. Das ist in der Tat kein schlechter Ausweg. Er hat nur einen Fehler: Er führt oft zur Dürre, zur Farblosigkeit und schließlich zur Langeweile. Und es läßt sich bekanntlich der Teufel nicht mit dem Beelzebub austreiben. Aber so gewiß das Unvorstellbare nicht darstellbar ist, so kann es die Literatur doch indirekt zeigen oder wenigstens andeuten.

Den Autor Jurek Becker, einen polnischen Juden und deutschen Erzähler, von dem wir in der Bundesrepublik bisher nichts gehört hatten – er wurde 1937 in Polen geboren und verbrachte seine Kindheit meist in Gettos und Konzentrationslagern, er wuchs auf und studierte in der DDR und lebt jetzt in Ostberlin –, braucht man über diese Schwierigkeiten nicht zu belehren. Er scheint sehr genau zu wissen, daß die »Endlösung« zu jenen extremen Themen gehört, denen gerade mit extremen künstlerischen Mitteln überhaupt nicht beizukommen ist und daß hier die Bemühung um formale und sprachliche Originalität – zumal im Roman – gleich extravagant oder selbstherrlich wirken kann und peinlich sein muß.

Wo angesichts eines Stoffes laute Töne und grelle Farben gänzlich versagen und wo Elegisches statt die Leser aufzurütteln sie eher ermüdet, da bleibt dem Schriftsteller nichts anderes übrig, als mit besonders leiser Stimme zu sprechen, konsequente Zurückhaltung zu üben und dem Understatement und der Ironie zu vertrauen. Bei einem so düsteren Thema läßt sich mit Düsterheit am wenigsten ausrichten, eher schon mit hellen und heiteren Kontrasteffekten, mit Witz und Komik. Das allerdings ist sehr schwierig und nahezu waghalsig. Aber Becker hat es geschafft.

Zunächst einmal: Statt vom verzweifelten Kampf und vom heroischen Untergang zu berichten, was von ihm vielleicht erwartet wurde, macht er zum Schauplatz seines Romans ein kleines Getto, in dem es überhaupt keinen bewaffneten Widerstand der Juden gegeben hat. Er zeigt den Alltag in einer Welt, in der sich beide Seiten – die Verfolger und die Verfolgten – sogar an das Entsetzlichste gewöhnt haben, wo es mittlerweile längst zur Regel und zur Routine geworden ist.

Deshalb wählt Becker für die dargestellten Vorgänge, wie makaber sie sein mögen, stets einen unbekümmerten und ostentativ gemächlichen Plauderton – als ginge es nur um Selbstverständliches. Daher bleibt auch die direkte Klage fast immer ebenso ausgespart wie die direkte Anklage. Beiläufige, oft in Nebensätzen verborgene Bemerkungen genügen hier, um das Grauen zu verdeutlichen. Es bildet ein unüberhörbares, doch nie aufdringliches, ein meist diskretes Ostinato für allerlei behaglich erzählte Episoden und Anekdoten.

Aber so lose der Roman komponiert scheint – er hat doch eine Achse, um die Becker die einzelnen Humoresken und Miniaturen gruppiert: Es ist die Geschichte eines keineswegs mutigen Mannes, der sich als einziger im Getto wehrt – wenn auch ganz ohne Waffen und auf etwas wunderliche Weise.

Dem braven Jakob Heym, in dessen Bude man früher im Sommer Eis und im Winter Kartoffelpuffer haben konnte, wird befohlen, sich in einem deutschen Revier zu stellen, aus dem ein Jude noch nie lebend herausgekommen ist. Doch diesmal geschieht ein unbegreifliches und unerklärliches Wunder: Der verschlafene Soldat, der dort Wache hat, schickt Jakob nicht in den Tod, sondern wieder nach Hause. An ein solches Wunder wird man im Getto nicht glauben wollen, ja, man könnte ihn sogar verdächtigen, er sei nun ein Spitzel der Deutschen. Daher sagt er niemandem, wo er wirklich war.

Aber eine in diesem Revier zufällig gehörte Rundfunkmeldung, aus der unzweifelhaft hervorging, daß die sowjetische Armee sich nähere – und mit ihr der Tag der Befreiung –, kann Jakob den Leidensgefährten nicht vorenthalten; und da sie der frohen Botschaft nicht recht trauen und die Quelle wissen wollen, sagt er, er habe in seiner Wohnung ein Radio versteckt, was im Getto, versteht sich, mit dem Tode bestraft wird.

Wie es angeblich der Fluch der bösen Tat ist, daß sie fortzeugend immer Böses muß gebären, so ist es in der Epik der Segen des guten Einfalls, daß sich aus ihm wie von selbst weitere gute Einfälle ergeben.

In der abgeschlossenen Welt, zu der die sehnsüchtig erwarteten Nachrichten von den Kriegsschauplätzen nicht dringen können, wird der vermeintliche Besitzer eines Radios seines Mutes wegen bewundert und aus praktischen Gründen umworben: Alle suchen seine Freundschaft, weil sie von ihm das Neueste zu erfahren hoffen. Er wiederum kann sich nicht entschließen, die Wahrheit aufzudecken: Er erfindet jetzt laufend Meldungen von der Front, meist erfreuliche.

So wird Jakob, der Mann, der noch unlängst auf der untersten Sprosse der sozialen Leiter stand, plötzlich zur zentralen Figur des Gettos. Aber er spielt die ihm überraschend zugefallene Rolle nicht nur deshalb, weil sie seiner Eitelkeit schmeichelt. Er erkennt auch seine gesellschaftliche Funktion: »Die Leute brauchen keine Medizin so sehr wie Hoffnung.«

Die Nachrichten, die der barmherzige Lügner Jakob täglich verbreitet, verändern das Leben im Getto: Ein Mädchen leistet ihrem Freund keinen Widerstand mehr, ein alter Schauspieler fertigt ein Verzeichnis der Rollen an, die er nach dem Krieg spielen will, man schmiedet allerlei Pläne und erträgt auch das Schlimmste etwas besser. Die Selbstmorde hören jedenfalls auf, nur einer erhängt sich: ein Freund Jakobs, der erfährt, daß dieser überhaupt kein Radio hat.

Sollte Jakob, der sympathische Flunkerer, der mit Worten, nur mit

Worten auf die Menschen Einfluß auszuüben versucht, zugleich – wie schon vermutet wurde – die Literatur symbolisieren? Das würde freilich bedeuten, daß Becker sich nicht die geringsten Illusionen macht. Denn Jakob kann mit allen seinen Erfindungen letztlich nichts ändern: Zwar hat er seinen Leidensgefährten ihre letzten Wochen etwas erleichtert, aber sie werden mit ihm zusammen abtransportiert. Und was man mit dem Wort »Transport« im Getto bezeichnete, wissen die Leser dieses Romans genau.

Jurek Becker erzählt sehr einfach und sehr ruhig. Nur daß seine Geschichte nichts vereinfacht und niemanden beruhigen kann. Sie ist poetisch und mutet bisweilen märchenhaft an. Doch wird hier nichts poetisiert oder verklärt. Dieses Buch kennt weder Haß noch Groll, es ist weder aggressiv noch zornig, vielmehr erstaunlich sanft. Aber es wirkt niemals besänftigend: Beckers Gelassenheit hat nichts mit lauwarmer Versöhnlichkeit zu tun. Hinter seiner Heiterkeit verbirgt sich nichts anderes als Schmerz und Schwermut. Dieser junge Schriftsteller ist vom Geschlecht der traurigen Humoristen. Sein Roman beweist, daß man auch vom Grauenvollsten leicht und unterhaltsam erzählen kann.

(1970)

Die Liebe, die Literatur und der Alltag
Jurek Becker, *Irreführung der Behörden*

Irreführung der Behörden, der neue Roman des in Ostberlin lebenden Jurek Becker[1], den wir mit dem düsteren Kölner *Ränder*-Produzenten Jürgen Becker keineswegs verwechseln sollten, läuft konsequent auf ein Fazit zu, das sich in zwei Punkten zusammenfassen läßt. Erstens: Du sollst den inneren Schweinehund überwinden, immer strebend dich bemühen und mit deinem Pfunde wuchern – zumal wenn du begabt und ein Schriftsteller in der DDR bist. Zweitens: Du sollst nicht begehren deines Nächsten Weib, denn die Ehe, sie ist doch kein leerer Wahn.

Wir haben es also mit einem sehr moralischen Buch zu tun. Überdies ist es auffallend banal: Die Fabel und die Personen, die Konflikte und die Situationen – das alles kennt man längst. Erzählt wird die Geschichte eines lustigen und gewitzten, aber auch ziemlich faulen Studenten, den die Jurisprudenz langweilt und der daher lieber Schriftsteller werden möchte. Aller Anfang ist schwer, wir wissen es, doch nach einigen Versuchen geht es schon ganz gut, der junge Mann wird bekannt und fast wohlhabend. Und mit der Zeit bereitet er, der zunächst störrisch war, den Lektoren und Redakteuren immer weniger Kummer. Denn er liefert ihnen genau das, was sie brauchen. Warum eigentlich? Schiller hat es gesagt:

> Die Ideale sind zerronnen,
> Die einst das trunkne Herz geschwellt;
> Er ist dahin der süße Glaube
> An Wesen, die mein Traum gebar.

Auf unseren Roman bezogen und weniger poetisch ausgedrückt: Der Kulturbetrieb macht den Künstler kaputt. Zumindest seit Balzac gehört diese Geschichte zum ständigen Repertoire der Literatur.

Die andere Geschichte, die Jurek Becker hier offeriert, ist noch älter. Sein junger Mann liebt heiß und innig ein schmuckes Mädchen. Sie sind sehr glücklich. Dann heiraten sie, dann haben sie ein Kind – das

Weitere kennt man hinreichend. Auch dafür hat einer unserer Klassiker, Tucholsky nämlich, die gültige Formel gefunden:

> Die Ehe war zum jrößten Teile
> Vabrühte Milch un Langeweile.

Zwei alte Hüte also – und ringsherum meist alte Schachteln. Da haben wir die neugierige, schimpfende und polternde Zimmervermieterin mit rauher Schale und weichem Herz. Wieder einmal gibt es das biedere und rührende Mütterchen, das dem begabten Sohn, dem Luftikus mit Phantasie, rasch ein Töpfchen Schmalz und heimlich auch etwas Geld zusteckt.

Der gemütliche und geschwätzige Gastwirt aus der Berliner Vorortkneipe kommt mir ebenso bekannt vor wie der betagte Professor, der einst im KZ war und der sich nun gütig und väterlich um den Studenten bemüht, den er auf den rechten Weg bringen möchte. Der skurrile Rentner, der sehr klapprig ist und der sich doch als ein ganzer Kerl und als ein hilfsbereiter Kumpel erweist, stammt ebenfalls aus dem bewährten Personal der DDR-Romane.

Auch den jüngeren Damen kann man schwerlich Originalität nachrühmen – weder der schönen Juristin, die sich vielleicht deshalb so selbstsicher gibt, weil es ihr an Selbstsicherheit fehlt, noch der geschiedenen Verlagslektorin, die unseren jungen Mann so gern im Bett haben möchte, oder seiner Freundin und späteren Gattin, die so vernünftig und tüchtig und zugleich so charmant ist, wie es die Bürgerinnen der DDR wohl im normalen Maß und die Heldinnen der DDR-Literatur recht oft sind.

Das wärs also: Ein ganz banales Produkt. Nur muß ich noch gestehen, daß es mich keinen Augenblick gelangweilt hat. Daß ich es für sehr bemerkenswert und überaus amüsant halte. Wie denn – nicht langweilig, obwohl banal? Oder gar: weil banal? Dann allerdings wäre diese Banalität etwas Positives, etwas geradezu Originelles? Vielleicht ist mit dem Titel die Irreführung nicht nur der Behörden, sondern auch der unaufmerksamen Leser und vor allem der leichtfertigen Rezensenten gemeint? Auf jeden Fall wird es dem Kritiker sehr schwierig gemacht, zu erklären, worin die Qualität des scheinbar so harmlosen Romans besteht. Aber ich habe, wenn ich noch dieses Geständnis hinzufügen darf, eine besondere Schwäche für Bücher, die derartige Schwierigkeiten sozusagen lächelnd und augenzwinkernd bereiten.

Mit einem Märchen beginnt es. Einer namens Toni sieht in der S-Bahn ein Mädchen, das ihm gefällt. Er steigt zusammen mit ihr aus, er geht ihr nach, er lädt sie in den Wagen ein, der da zufällig auf der Straße steht – es ist ein ganz doller Cadillac, und Toni hat gerade einen Schlüssel, der paßt. Dann soll sich das Mädchen eine Villa aussuchen, sie zeigt auf ein Barockschlößchen – und wieder hat er den richtigen Schlüssel.

Doch »irgendwann kommt Toni der Verdacht, daß Rita nicht so sehr an ihm hängt, als an seiner Fähigkeit, alle ihre Wünsche erfüllen zu können«. Da sucht er sich eine andere, nur daß jetzt seine Schlüssel nirgends mehr passen wollen. So kehrt er zur Rita, der ersten, zurück: »Mag sie sein, wie sie will, er liebt sie nun einmal, nur mit ihr kann er zaubern.« Auch ohne Cadillac und Barockschlößchen sind die beiden glücklich. Die Frage des Erzählers, wie diese Geschichte »jetzt weitergehen soll«, wird freilich von demjenigen, der hier zuhört, kühl und vielsagend beantwortet: »Das ist das Problem.«

Mit dem Märchen von der Macht der Liebe, deren Zauber die Welt verwandelt – aber wie lange wirkt er? –, schlägt Becker sofort das Leitmotiv seines Buches an. Die Poesie und der prosaische Alltag, die Vision und die graue Realität, der Traum und das harte Leben – diese fundamentalen Gegenüberstellungen sind so alt wie die Praxis der Dichter, sie immer wieder am Beispiel der Beziehung des einzelnen zur Gesellschaft zu demonstrieren. Nur daß in der Literatur stets eine simple Schneiderregel gilt: Aus alt mach neu! Daran hält sich Becker mit ebenso natürlicher wie genau kalkulierter Grazie, mit der reifen Naivität (das ist beileibe kein Widerspruch), die schon für seinen Erstling *Jakob der Lügner* (1969) bezeichnend war.

Scheinbar unbekümmert erzählt er Kurioses und Hintergründiges – so von einem wackeren, doch eifersüchtigen Beamten, der plötzlich, nicht ohne Grund, einen Operntenor erwürgt und sich dann in der Gefängniszelle aufhängt; von drei Banditen, die eine Ostberliner Bank ausräumen wollen und hierzu, um die Beute sofort in Sicherheit bringen zu können, erst einmal die Fertigstellung einer im Bau befindlichen Schnellstraße bis zur Stadtgrenze abwarten müssen, der freilich so langsam vorangeht, daß die drei selber als Facharbeiter mithelfen

und vor ihrem Überfall noch als Aktivisten in der DDR berühmt
werden.

Wir hören von einem Mann, der auf seine Zähne verzichten soll,
weil sie überraschenderweise aus einem für die Volkswirtschaft sehr
wichtigen Material sind. Aber er will nicht: »Von früh bis abends muß
er sich anhören, daß er sein schäbiges privates Wohlbehagen über die
Interessen der Allgemeinheit stellt. Und das geht so lange, bis sie ihm
mit Argumenten, Versprechungen und Prämien alle Zähne abge-
schwatzt haben ... Das Gemeinwesen blüht, und in den Zeitungen
steht zu lesen, welch wichtigen Beitrag mein Mann dazu geleistet hat,
doch als zahnloses Männlein hat er nicht die rechte Freude daran.«

Ob Humoreske, Satire oder Parabel – es sind immer wieder, ähnlich
wie auch jene einleitende Geschichte, halb parodistische und halb
märchenhafte Paraphrasen des Hauptthemas, es sind heitere, betont
unbeschwerte und, sieht man nur genauer hin, zugleich schwermütige
epische Kommentare. Sie werden nicht ausgeführt, sondern eher mitgeteilt, bloß skizziert und entworfen oder, richtiger gesagt, vorgeschla-
gen. Stets hört ihnen jemand kritisch zu – die skeptische Gattin etwa
oder ein Verlagslektor –, der sie in Frage stellt, der immer an ihnen
etwas auszusetzen hat.

»Ich probiere Geschichten an wie Kleider«[2] – das berühmte Wort
Max Frischs gilt auch für Jurek Becker und für seinen Ich-Erzähler,
den jungen Autor Gregor Bienek, die übrigens beide, wenn ich mich
nicht ganz irre, dem *Stiller* und dem *Gantenbein* manches zu verdanken haben. Dieser Bienek ist es ja, dem der Kulturbetrieb in der DDR
nach und nach die Zähne zieht, so daß er am Ende nur noch Belangloses und Gefälliges liefert.

Also hätten wir es mit einem politischen Roman zu tun, mit einem,
in dem sich mehr oder weniger deutliche Anti-DDR-Akzente verbergen? Nichts wäre abwegiger als diese Annahme. Becker, der als Kind
nach Deutschland gekommen ist, hält die DDR für seine Heimat: »Mit
dem Westen habe ich nichts zu tun, ich lebe hier aus freiem Entschluß,
und mich beschäftigen vor allem Dinge, die sich in meiner Umgebung
abspielen« – läßt er seinen Gregor Bienek erklären.

Ein politisches Buch sollte diese *Irreführung der Behörden* ganz
bestimmt nicht werden. Da aber Becker eben von seiner unmittelbaren
Umgebung erzählt, ist doch ein Roman entstanden, der einerseits von

politischen Affekten und Ressentiments ganz frei scheint, und andererseits schon deshalb nicht unpolitisch sein konnte, weil hier alles Märchenhafte und Phantastische, alles Poetische immer wieder konfrontiert wird, wie könnte es anders sein, mit der gesellschaftlichen Wirklichkeit der DDR der sechziger Jahre.

Sie kommt zunächst einmal, meist ironisch, in den Wünschen der Lektoren und Filmleute zum Vorschein, auf die Bienek gelegentlich mit dem knappen Befund »Wir müssen in die Klippschule« reagiert und denen er sich schließlich doch fügt. Aber diese Realität wird auch direkt in einer Anzahl von Episoden und Milieuschilderungen beschrieben, für die sich das alte Wort »Genrebild« anbietet. Hier zeigt sich Becker als ein erstaunlich unbefangener und gelassener Erzähler; seine heitere und souveräne Prosa kennt weder das leidende Pathos der enttäuschten Generation der DDR-Literatur (Christa Wolf wäre vor allem zu nennen) noch den schnodderigen Ton eines Ulrich Plenzdorf; und sie ist von der billigen und kessen Zubereitung der Zeitgeschichte, wie sie etwa der agile Hermann Kant praktiziert, meilenweit entfernt.

Nicht ein Ankläger, sondern ein Zeuge und mehr Humorist als Satiriker ist dieser Jurek Becker. Er verhöhnt nichts, er preist nichts, er stellt es nur dar – meist sanft, immer liebevoll und nie unkritisch. Da wird etwa berichtet, wie Ostberliner Studenten Anno 1959 in Westberlin Flugblätter verteilen. »Mit undurchdringlichem Gesicht, wie es Gary Cooper nicht besser könnte«, fährt Bienek mit der U-Bahn zum Tatort, wo ihn Schaufensterauslagen und Plakate ziemlich verwirren. Dennoch verläuft planmäßig, was als »Westeinsatz« bezeichnet wird, doch bald einer Wildwestszene ähnelt, einem etwas unernsten, wenn nicht lächerlichen Indianerspiel und am Ende (als ein Polizist Bienek verhaftet) fast einem Slapstick: »Ich hole aus und gebe ihm mit aller Kraft einen Kinnhaken. Er ist kein Herkules und fällt zum Glück sofort um . . .«

Aber meist schildert Becker Vorgänge und Situationen, die weniger dramatisch sind: Das Familienleben interessiert ihn, zumal der Alltag jener Leute, die man gern »Kleinbürger« nennt und die er mit sehr viel Sympathie betrachtet.

Doch so freundlich und nachsichtig dieser DDR-Alltag auch behandelt wird, er macht immer einen engen und muffigen Eindruck, er wirkt auffallend altmodisch und sehr kleinlich. Es ist, als wollte Becker sagen: Greift nur hinein ins volle Menschenleben, und wo ihrs packt, da ist es mittelmäßig.

Daher seine konsequente Vorliebe für Gestalten, die an Chargen erinnern, ja sogar klischeehaft anmuten mögen und trotzdem keine Schemen sind. Denn auch hier beherzigt Becker die Maxime: Aus alt mach neu. Und er erreicht das nicht so sehr mit Hilfe psychologischer Details als vor allem mit der überaus saftigen und anschaulichen Sprache dieser Figuren. Am stärksten hat mich Beckers Dialogkunst in den erotischen Szenen beeindruckt, zumal gegen Ende des Buches: Bienek trifft zufällig jene schöne und selbstsichere Juristin, mit der er vor Jahren in denselben Hörsälen saß. Wonach sich die beiden damals gesehnt hatten und wozu sie offenbar nicht mutig genug waren, das holen sie jetzt nach.

Wie flirtet ein Schriftsteller mit einer Justitiarin, worüber reden zwei solche Menschen im Bett? In der bundesrepublikanischen Literatur findet Liebe unter Intellektuellen fast überhaupt nicht mehr statt, unsere Autoren wollen sich ja meist mit dem Klassenkampf befassen. Aber glücklicherweise gibt es die DDR-Literatur, wo man sich neuerdings immer mehr für das Intime oder doch zumindest für das Private interessiert. Becker jedenfalls erzählt diese Liebesepisode so schön und so geistreich, daß der überaus ehrenvolle Vergleich mit dem größten, dem dezentesten Erotiker der deutschen Literatur nach 1945 (ich meine natürlich Max Frisch) sich sofort aufdrängt.

Dagegen fällt das Finale des Romans deutlich ab: Bienek bekommt von seiner Frau zu hören, er habe sich angepaßt, er richte sich nur noch nach den Marktchancen. Nach dem klärenden Gewitter bahnt sich der eheliche Friedensschluß an. Wie eine Pflichtleistung, der sich Becker rasch entledigen wollte, wirkt diese etwas papierne Szene. Oder sollte auch sie – für viele andere in der *Irreführung* gilt es bestimmt – doppelsinnig sein und etwa andeuten, daß Bienek in dieser Hinsicht ebenfalls, wie es einmal heißt, »im Käfig seiner eigenen Mittelmäßigkeit sitzt«?

Ganz am Anfang seiner Laufbahn sagt ihm eine Lektorin: «Kinder nein, sind Sie empfindlich. Das werden Sie sich als Dichter abgewöhnen müssen.» Indem Becker gezeigt hat, wie sich sein Schriftsteller Bienek die Empfindlichkeit abgewöhnen läßt – ohne daß man ihn zwänge oder überzeugt, nur aus Trägheit und aus Bequemlichkeit –, vermochte er zu beweisen, daß er selber nicht daran denkt, sich anzupassen. Daß er vielmehr mit diesem neuen Buch dem Erstling *Jakob der Lügner*, dem er seinen Ruhm verdankt, treu geblieben ist.

Wird der Roman *Irreführung der Behörden*, obwohl ganz leicht und sehr amüsant, den deutschen Kritikern den ihm zukommenden Respekt abnötigen? Wird er, obwohl ein höchst poetisches Buch, auf den Bestsellerlisten landen? Beides ist Jurek Becker zu wünschen – und auch den deutschen Lesern diesseits und jenseits der Elbe.

(1973)

Nachweise und Anmerkungen

Vorwort

1 Fritz J., Raddatz, *Traditionen und Tendenzen*. Materialien zur Literatur der DDR. Suhrkamp Verlag, Frankfurt/M. 1972, S. 7.

2 Die Äußerungen von Werner Neubert, Wilhelm Girnus, Wolfgang Harich, Hermann Kesten und Jürgen Rühle wurden in der in Westberlin erscheinenden Zeitschrift *Europäische Ideen* (Jahrgang 1973, Heft 2) veröffentlicht.

3 Hans Mayer, *Zur deutschen Literatur der Zeit*. Zusammenhänge, Schriftsteller, Bücher. Rowohlt Verlag, Reinbek bei Hamburg 1967, S. 347.

Von Erniedrigten und Beleidigten
Zuerst in: *DIE ZEIT* vom 28. Januar 1966.

1 Anna Seghers, *Die Kraft der Schwachen*. Neun Erzählungen. Aufbau-Verlag, Berlin und Weimar 1965 / Hermann Luchterhand Verlag, Berlin und Neuwied 1966.

2 Anna Seghers, *Woher sie kommen, wohin sie gehen. Über den Ursprung und die Weiterentwicklung einiger Romangestalten Dostojewskijs, besonders über ihre Beziehung zu Gestalten Schillers.* – Diese bemerkenswerte Abhandlung findet sich in dem Buch: A. S., *Über Tolstoj – Über Dostojewskij*. Aufbau-Verlag, Berlin 1963, S. 53–122.

Bankrott einer Erzählerin
Zuerst in: *DIE ZEIT* vom 14. März 1969.

1 Anna Seghers, *Das Vertrauen*. Roman. Aufbau-Verlag, Berlin und Weimar 1969.

2 Diese Kritik des Romans *Die Aula* von Hermann Kant findet sich in dem vorliegenden Band, S. 83–89.

Kafka übt Selbstkritik
Zuerst in: *DIE ZEIT* vom 12. Oktober 1973.

1 Anna Seghers, *Sonderbare Begegnungen*. Erzählungen. Hermann Luchterhand Verlag, Darmstadt und Neuwied 1973.

2 Den Text des Liedes schrieb Louis Fürnberg (1909–1957).

3 Die Formulierung stammt aus Benns Aufsatz *Nach dem Nihilismus*, der zu finden ist in: Gottfried Benn, *Essays und Aufsätze* (*Gesammelte Werke in acht Bänden*, Band 3). Herausgegeben von Dieter Wellershoff. Limes Verlag, Wiesbaden 1968, S. 723.

Der deftige Heimatdichter
Zuerst in: Marcel Reich-Ranicki, *Deutsche Literatur in West und Ost*. R. Piper
& Co. Verlag, München 1963, S. 411–421.
1 Vgl. Alfred Kantorowicz, *Deutsches Tagebuch*. Zweiter Teil. Kindler Verlag,
  München 1961, S. 578 ff.
2 *Schriftsteller der Gegenwart – Adam Scharrer, Erwin Strittmatter*. Herausgegeben vom Kollektiv für Literaturgeschichte im Volkseigenen Verlag Volk
  und Wissen, Berlin 1960, S. 139 f.
3 Die Informationen über die Bearbeitung des Stücks *Katzgraben* verdanke ich
  Egon Monk, der damals zu den engsten Mitarbeitern Brechts gehörte.
4 Max Schroeder, *Von hier und heute aus*. Kritische Publizistik. Aufbau-Verlag, Berlin 1957, S. 186.
5 Bertolt Brecht, *Erwin Strittmatters »Katzgraben«*, in: *Sinn und Form*, 1953,
  Heft 3/4, S. 97 ff.
6 Vgl. *Deutsches Schriftstellerlexikon von den Anfängen bis zur Gegenwart*.
  Volksverlag, Weimar 1960, S. 529 f.
7 *Schriftsteller der Gegenwart – Adam Scharrer, Erwin Strittmatter*, S. 132.
8 *Neue Deutsche Literatur*, 1958, Heft 8, S. 88 ff.

Die Bibel und Stalin
Zuerst in: *DIE ZEIT* vom 18. August 1972.
1 Stefan Heym, *Der König David Bericht*. Roman. Kindler Verlag, München
  1972.

Für festliche Stunden
Zuerst in: M. R.-R., *Deutsche Literatur in West und Ost*, S. 386–410.
1 Vgl. Stephan Hermlin, *Begegnungen 1954–1959*. Aufbau-Verlag, Berlin
  1960, S. 195 ff.
2 Stephan Hermlin/Hans Mayer, *Ansichten über einige Bücher und Schriftsteller* (erw. bearb. Ausg.). Verlag Volk und Welt, Berlin [1947], S. 191.
3 St. H., *Begegnungen 1954–1959*, S. 261.
4 Vgl. Josef Wulf, *Das Dritte Reich und seine Vollstrecker. Die Liquidation
  von 500000 Juden im Ghetto Warschau*. Arani-Verlags GmbH, Berlin 1961,
  S. 86, 90.
5 *Neue Deutsche Literatur*, 1954, Heft 10, S. 19 ff.
6 Walter Jens, *Deutsche Literatur der Gegenwart. Themen, Stile, Tendenzen*.
  R. Piper & Co. Verlag, München 1961, S. 69.
7 Vgl. *Neue Deutsche Literatur*, 1955, Heft 3, S. 127 ff. (»Man muß sich als
  Leser die Kenntnis der Greueltaten einer vertierten SS-Kommandeuse ins
  Gedächtnis rufen, um mit dieser, die Hermlin schildert, nicht gar etwas wie
  Mitleid zu haben.«)
8 St. H., *Begegnungen 1954–1959*, S. 256.
9 A. a. O., S. 297.

10 *Neues Deutschland* vom 6. April 1963.

Der treue Dichter seiner Herrn

Zuerst in: M. R.-R., *Deutsche Literatur in West und Ost*, S. 422–433.

1 Franz Fühmann, *Das Judenauto. Vierzehn Tage aus zwei Jahrzehnten.* Aufbau-Verlag, Berlin 1962, S. 152.
2 A. a. O., S. 138.
3 A. a. O., S. 174.
4 Ebenda.
5 A. a. O., S. 180.
6 Rosemarie Heise, *Die Bürde der Vergangenheit*, in: *Neue Deutsche Literatur*, 1959, Heft 8, S. 132 ff.
7 *Sonntag* vom 17. Februar 1963.

Schuld und Sühne

Zuerst in: *DIE ZEIT* vom 31. März 1967.

1 Franz Fühmann, *König Ödipus*. Gesammelte Erzählungen. Aufbau-Verlag, Berlin und Weimar 1966.
2 Fühmanns Haltung während des Tauwetters dokumentieren u.a. seine in der Monatsschrift *Aufbau* veröffentlichten Gedichte *Narrenfreiheit* (1956, Heft 3, S. 283) und *Die Demagogen* (1956, Heft 12, S. 1059).
3 Die Erzählung *Das Gottesgericht* findet sich in: *Auch dort erzählt Deutschland.* Prosa von »drüben«. Herausgegeben von Marcel Reich-Ranicki. Paul List Verlag, München 1960, S. 144–163.

Ein Land des Lächelns

Zuerst in: *DIE ZEIT* vom 1. April 1966.

1 Hermann Kant, *Die Aula*. Roman. Rütten & Loening Verlag, München 1966.

Die zusammengelegte Schlauheit

Zuerst in: *DIE ZEIT* vom 28. April 1972.

1 Hermann Kant, *Das Impressum*. Roman. Hermann Luchterhand Verlag, Neuwied und Berlin 1972.

Zwei verschiedene Schuhe

Zuerst in: *Merkur*, Nr. 307, 27. Jahrgang, 1973.

1 *Neue Deutsche Literatur*, 1972, Heft 9, S. 159 f.
2 Günter de Bruyn, *Die Preisverleihung*. Roman. Mitteldeutscher Verlag, Halle 1972.

3 Vgl. *Sinn und Form*, 1969, Heft 3, S. 763.
4 *Sonntag* Nr. 8/1973.
4 G. d. B., *Wie ich zur Literatur kam*, in: *Sinn und Form*, 1972, Heft 4, S. 771.

Oskar Schlemihl aus Helsingör
Zuerst in: *DIE ZEIT* vom 1. Dezember 1967.
1 Günter Kunert, *Im Namen der Hüte*. Roman. Carl Hanser Verlag, München
  1967.

Groteskes, Ironisches, Poetisches
Zuerst in: *DIE ZEIT* vom 11. Oktober 1968.
1 Günter Kunert, *Die Beerdigung findet in aller Stille statt*. Erzählungen.
  Reihe Hanser 11, Carl Hanser Verlag, München 1968.
2 Kunerts Äußerung über den Realismus stammt aus seiner Selbstinterpreta-
  tion in: *Ein Gedicht und sein Autor. Lyrik und Essay*. Herausgegeben und
  mit einer Einleitung versehen von Walter Höllerer. Literarisches Collo-
  quium, Berlin 1967, S. 333.
3 Brechts Urteil über den jungen Kunert findet sich in einem an den polnischen
  Regisseur Leon Schiller gerichteten Brief vom 25. April 1952.

Eine unruhige Elegie
Zuerst in: *DIE ZEIT* vom 23. Mai 1969.
1 Christa Wolf, *Nachdenken über Christa T*. Mitteldeutscher Verlag, Halle
  1968.
2 »Ich probiere Geschichten an wie Kleider!« heißt es in: Max Frisch,
  Mein Name sei Gantenbein. Roman. Suhrkamp Verlag, Frankfurt/M. 1964,
  S. 30.

Es gibt keinen Ausweg
Zuerst in: *DIE ZEIT* vom 17. September 1965.
1 Rolf Schneider, *Brücken und Gitter*. Ein Vorspruch und sieben Geschichten.
  R. Piper & Co. Verlag, München 1965.

Alles aus zweiter Hand
Zuerst in: *DIE ZEIT* vom 22. Mai 1970.
1 Rolf Schneider, *Der Tod des Nibelungen*. Aufzeichnungen des deutschen
  Bildschöpfers Siegfried Amadeus Wruck ediert von Freunden. R. Piper &
  Co. Verlag, München 1970.
2 Das Zitat stammt aus August Wilhelm Schlegels *Vorrede zu den Kritischen
  Schriften*, die zu finden ist in: A. W. S., *Sprache und Poetik (Kritische*

Schriften und Briefe, Band 1). Herausgegeben von Edgar Lohner. W. Kohlhammer Verlag, Stuttgart 1962, S. 14.

Der Fänger im DDR-Roggen

Zuerst in: *DIE ZEIT* vom 4. Mai 1973.

1 Ulrich Plenzdorf, *Die neuen Leiden des jungen W.* Suhrkamp Verlag, Frankfurt/M. 1973.

2 *Süddeutsche Zeitung* vom 16. September 1972. Dieser Artikel war auf Grund des Vorabdrucks der Erzählung in *Sinn und Form*, 1972, Heft 2, geschrieben.

3 *DIE ZEIT* vom 20. April 1973.

4 Vgl. *Sinn und Form*, 1973, Heft 1, S. 243.

Der Dichter ist kein Zuckersack

Zuerst in: *DIE ZEIT* vom 17. Dezember 1965.

1 Wolf Biermann, *Die Drahtharfe*. Balladen, Gedichte, Lieder. Verlag Klaus Wagenbach, Berlin 1965.

2 Bölls ebenfalls in der *ZEIT* vom 17. Dezember 1965 veröffentlichte Erklärung lautet: »Nicht Wolf Biermann fällt irgend jemand in den Rücken. Der einzige, der sowohl Biermann wie allen Schriftstellern in den Rücken fällt, ist Klaus Höpcke und mit ihm die Redaktion des *Neuen Deutschland*. Die törichte Pinscher-Äußerung von Bundeskanzler Erhard, wahrscheinlich längst bereut, war für die betroffenen Schriftsteller vollkommen ungefährlich. Der Artikel im *Neuen Deutschland* hat eine Hetzkampagne eingeleitet, die alle Schriftsteller und Künstler in der DDR bedroht.«

3 Die Erklärung von Peter Weiss – gedruckt in der *ZEIT* vom 17. Dezember 1965 – lautet: »Mit Entsetzen sehe ich, auf welche Weise ein Autor der DDR, Wolf Biermann, öffentlich für seine Meinung abgeurteilt wird. Ich bin kein Freund des Bonner Staats, doch ich habe, trotz der Angriffe, die auch über mich ergingen, bisher jede meiner Arbeiten dort veröffentlichen und meine Stücke aufführen können. (. . .) Wolf Biermann hat bisher in der DDR kein Buch veröffentlichen können, seine Arbeiten sind nur kleinen Kreisen bekannt. Ich frage mich, worin denn die Gefahr seiner Lieder liegt, die jetzt einer solchen Diffamierungsaktion ausgesetzt werden. Und ich habe beim Wiederlesen der Texte nichts entdecken können, was gegen den Sozialismus verstößt. Biermann gibt einzig und allein Ausdruck für einen stattfindenden Generationskampf, und dies ist sein natürliches Recht. Die sozialistische Gesellschaft müßte stark genug sein, abweichende und kritische Stimmen zu ertragen. Man mag gegen Biermann polemisieren, aber man soll ihn zu Wort kommen lassen. Als humanistischer Schriftsteller erkläre ich meine Solidarität mit Wolf Biermann.«

Roman vom Getto
Zuerst in: *DIE ZEIT* vom 20. November 1970.
1 Jurek Becker, *Jakob der Lügner*. Roman. Sammlung Luchterhand 1, Hermann Luchterhand Verlag, Neuwied 1970. – Die Erstausgabe des Buches hatte 1969 der Aufbau-Verlag, Berlin und Weimar, veröffentlicht.

Die Liebe, die Literatur und der Alltag
Zuerst in: *DIE ZEIT* vom 25. Mai 1973.
1 Jurek Becker, *Irreführung der Behörden*. Roman. Suhrkamp Verlag, Frankfurt 1973.
2 Siehe *Eine unruhige Elegie*, Anm. 2.

Über den Verfasser

Marcel Reich-Ranicki wurde am 2. Juni 1920 in Wloclawek an der Weichsel geboren. Sein Vater stammte aus Polen, seine Mutter aus Deutschland. Ab 1929 wohnte die Familie in Berlin. Im Herbst 1938, kurz nach dem Abitur am Berliner Fichte-Gymnasium, wurde Reich-Ranicki nach Polen deportiert. Von 1940 bis 1943 lebte er im Warschauer Getto, später – nach der Flucht aus dem Getto – illegal ebenfalls in Warschau.

Seine literarische Arbeit begann nach dem Krieg in Polen. Zunächst als Verlagslektor tätig, war er ab 1951 freier Schriftsteller in Warschau. Anfang 1953 wurde gegen ihn aus politischen Gründen ein generelles Publikationsverbot erlassen, das bis Mitte 1954 in Kraft blieb.

Auch in Polen befaßte sich Reich-Ranicki vor allem mit der Geschichte und der Kritik der deutschen Literatur. Er veröffentlichte Essays und Rezensionen in allen wichtigeren polnischen Zeitschriften und Zeitungen und gelegentlich auch in den Zeitschriften der DDR, schrieb ein Buch mit dem Titel *Aus der Geschichte der deutschen Literatur 1871–1954* (Warschau 1955) sowie eine Monographie über *Die Epik der Anna Seghers* (Warschau 1957), verfaßte kritische Einleitungen und Nachworte zu polnischen Ausgaben einzelner Werke von Goethe, Raabe, Storm, Fontane, Heinrich Mann, Hermann Hesse, Leonhard Frank u. a. und gab eine polnische Anthologie deutscher Exil-Prosa 1933–1945 heraus (*Der Weg durch die Dämmerung*, Warschau 1951).

Im Jahre 1958 siedelte Reich-Ranicki nach der Bundesrepublik um. Er lebte von 1959 bis 1973 in Hamburg und wohnt jetzt in Frankfurt/M. Nachdem er zuerst für die *Frankfurter Allgemeine Zeitung* und *Die Welt* gearbeitet hatte, war er von 1960 bis 1973 ständiger Literaturkritiker der Wochenzeitung DIE ZEIT. Ab 1974 gehört er der Redaktion der *Frankfurter Allgemeinen Zeitung* an, in der er für den Bereich Literatur und literarisches Leben verantwortlich ist.

Außerdem veröffentlichte er Essays in den Zeitschriften *Neue Rundschau, Der Monat, Merkur, Frankfurter Hefte* und *Neue Deutsche Hefte* sowie in zahlreichen Sammelbänden. Seine Arbeiten sind auch in englischer, französischer, italienischer, dänischer, japanischer und hebräischer Übersetzung erschienen. Er war von 1965 bis 1972 Mitarbeiter der *Encyclopaedia Britannica*.

Von 1958 bis 1967 nahm Reich-Ranicki an den Tagungen der »Gruppe 47« teil. Vortragsreisen führten ihn in die USA., nach Kanada, Israel, Australien und Neuseeland sowie in zahlreiche europäische Länder. 1968 war er Gastprofessor für deutsche Literatur des 20. Jahrhunderts an der Washington University in St. Louis (USA) und 1969 am Middlebury College (USA). Seit 1971 ist er Ständiger Gastprofessor für Neue Deutsche Literatur an den Universitäten von Stockholm und Uppsala. 1973 las Reich-Ranicki – im Rahmen eines Lehrauftrags für Literaturkritik – an der Universität zu Köln. 1972 wurde ihm von der Universität Uppsala die Ehrendoktorwürde verliehen.

BUCHVERÖFFENTLICHUNGEN IN DEUTSCHER SPRACHE:

Deutsche Literatur in West und Ost. Prosa seit 1945. R. Piper & Co. Verlag,
  München 1963. – Taschenbuch-Ausgabe: Rowohlt Taschenbuch Verlag,
  Reinbek bei Hamburg 1970.
Literarisches Leben in Deutschland. Kommentare und Pamphlete. R. Piper &
  Co. Verlag, München 1965.
Wer schreibt, provoziert. Kommentare und Pamphlete. Deutscher Taschenbuch
  Verlag, München 1966.
Literatur der kleinen Schritte. Deutsche Schriftsteller heute. R. Piper & Co.
  Verlag, München 1967. – Taschenbuch-Ausgabe: Verlag Ullstein, Frankfurt/
  M.–Berlin–Wien 1971.
Die Ungeliebten. Sieben Emigranten. Günther Neske Verlag, Pfullingen 1968.
Deutsche Literatur heute (Auswahlband für den Bertelsmann Lesering). Gü-
  tersloh o. J. [1969].
Lauter Verrisse. Mit einem einleitenden Essay. R. Piper & Co. Verlag, Mün-
  chen 1970. – Taschenbuch-Ausgabe: Verlag Ullstein, Frankfurt/M.–Berlin–
  Wien 1973.
Über Ruhestörer. Juden in der deutschen Literatur. R. Piper & Co. Verlag,
  München 1973.

HERAUSGEBER VON:

Auch dort erzählt Deutschland. Prosa von »drüben«. Paul List Verlag, Mün-
  chen 1960.
Sechzehn Polnische Erzähler. Rowohlt Verlag, Reinbek bei Hamburg 1962.
Erfundene Wahrheit. Deutsche Geschichten seit 1945. R. Piper & Co. Verlag,
  München 1965.
Notwendige Geschichten 1933–1945. R. Piper & Co. Verlag, München 1967.
In Sachen Böll. Ansichten und Einsichten. Verlag Kiepenheuer & Witsch, Köln
  1968. – Taschenbuch-Ausgabe: Deutscher Taschenbuch Verlag, München
  1971.
Gesichtete Zeit. Deutsche Geschichten 1918–1933. R. Piper & Co. Verlag,
  München 1969.
Anbruch der Gegenwart. Deutsche Geschichten 1900–1918. R. Piper & Co.
  Verlag, München 1971.
Erfundene Wahrheit. Deutsche Geschichten 1945–1960 (Veränderte Neuaufla-
  ge). R. Piper & Co. Verlag, München 1972.
Verteidigung der Zukunft. Deutsche Geschichten seit 1960. R. Piper & Co.
  Verlag, München 1972.

Personenregister

Deutsche Erzählerbibliothek des 20. Jahrhunderts
herausgegeben von
Marcel Reich-Ranicki

Anbruch der Gegenwart
Deutsche Geschichten 1900–1918.
12. Tsd. 534 Seiten. Leinen.

Gesichtete Zeit
Deutsche Geschichten 1918–1933.
20. Tsd. 550 Seiten. Leinen.

Notwendige Geschichten 1933–1945
30. Tsd. 606 Seiten. Leinen.

Erfundene Wahrheit
Deutsche Geschichten 1945–1960.
Veränderte Neuauflage 1972.
80. Tsd. 504 Seiten. Leinen.

Verteidigung der Zukunft
Deutsche Geschichten seit 1960.
480 Seiten. Leinen.

»Diese Anthologie aus lauter gut erzählten Erzählungen, die unendlich
viel prüfende Lektüre voraussetzt, bezeugt ein sicheres Urteil, einen
klaren Geschmack, ein Gefühl für das Beständige auch dort, wo die
Namen verpönt oder vergessen sind. Sie enthält nicht nur gute
Geschichten für Leser, sondern auch gute Modelle für Schriftsteller.«
(Werner Ross/Merkur)

Marcel Reich-Ranicki

»Verläßlich und oft vortrefflich ist Reich-Ranicki, wenn er
bei realistischen Werken die Konstruktion der Fabel prüft und
die Wahrheit der Figuren. Bei diesem Geschäft mobilisiert er
beträchtlichen kritischen Verstand. Was gleichfalls wichtig ist und
diesen Kritiker auszeichnet: Er verliert den Gegenstand,
über den er schreibt, keinen Augenblick aus den Augen, der
Gegenstand bleibt ihm ständig gegenüber wie eine Scheibe, auf
die er seine Urteile wie Pfeile wirft, und nicht selten treffen
sie ins Schwarze.«
(Rudolf Hartung / DIE ZEIT)

Deutsche Literatur in West und Ost

Prosa seit 1945. 3. Aufl., 19. Tsd. 498 Seiten.
Leinen und broschiert

Lauter Verrisse

Mit einem einleitenden Essay. Reihe Roter Schnitt 5.
188 Seiten. Kartoniert

Literatur der kleinen Schritte

Deutsche Schriftsteller heute. 343 Seiten.
Leinen und broschiert

Über Ruhestörer

Juden in der deutschen Literatur. Serie Piper 48.
103 Seiten. Kartoniert